O PERIGO DA FILOSOFIA

Editora Appris Ltda.
1.ª Edição - Copyright© 2021 do autor
Direitos de Edição Reservados à Editora Appris Ltda.

Nenhuma parte desta obra poderá ser utilizada indevidamente, sem estar de acordo com a Lei nº 9.610/98. Se incorreções forem encontradas, serão de exclusiva responsabilidade de seus organizadores. Foi realizado o Depósito Legal na Fundação Biblioteca Nacional, de acordo com as Leis nos 10.994, de 14/12/2004, e 12.192, de 14/01/2010.

Catalogação na Fonte
Elaborado por: Josefina A. S. Guedes
Bibliotecária CRB 9/870

B624p
2021
	Bitencourt, Joceval Andrade
	   O perigo da filosofia / Joceval Andrade Bitencourt. - 1. ed. - Curitiba : Appris, 2021.
	   123 p. ; 21 cm.
	
	   Inclui bibliografia.
	   ISBN 978-65-250-0195-1
	
	   1. Filosofia. 2. Filósofos. I. Título. II. Série.
	
	                                                     CDD – 808.6692

Livro de acordo com a normalização técnica da ABNT

Appris
editora

Editora e Livraria Appris Ltda.
Av. Manoel Ribas, 2265 – Mercês
Curitiba/PR – CEP: 80810-002
Tel. (41) 3156-4731
www.editoraappris.com.br

Printed in Brazil
Impresso no Brasil

Joceval Andrade Bitencourt

O PERIGO DA FILOSOFIA

FICHA TÉCNICA

EDITORIAL	Augusto V. de A. Coelho
	Marli Caetano
	Sara C. de Andrade Coelho
COMITÊ EDITORIAL	Andréa Barbosa Gouveia (UFPR)
	Jacques de Lima Ferreira (UP)
	Marilda Aparecida Behrens (PUCPR)
	Ana El Achkar (UNIVERSO/RJ)
	Conrado Moreira Mendes (PUC-MG)
	Eliete Correia dos Santos (UEPB)
	Fabiano Santos (UERJ/IESP)
	Francinete Fernandes de Sousa (UEPB)
	Francisco Carlos Duarte (PUCPR)
	Francisco de Assis (Fiam-Faam, SP, Brasil)
	Juliana Reichert Assunção Tonelli (UEL)
	Maria Aparecida Barbosa (USP)
	Maria Helena Zamora (PUC-Rio)
	Maria Margarida de Andrade (Umack)
	Roque Ismael da Costa Güllich (UFFS)
	Toni Reis (UFPR)
	Valdomiro de Oliveira (UFPR)
	Valério Brusamolin (IFPR)
ASSESSORIA EDITORIAL	Evelin Louise Kolb
REVISÃO	Isabela do Vale Poncio
PRODUÇÃO EDITORIAL	Lucielli Trevizan
DIAGRAMAÇÃO	Jhonny Alves dos Reis
CAPA	Eneo Lage
COMUNICAÇÃO	Carlos Eduardo Pereira
	Débora Nazário
	Karla Pipolo Olegário
LIVRARIAS E EVENTOS	Estevão Misael
GERÊNCIA DE FINANÇAS	Selma Maria Fernandes do Valle
COORDENADORA COMERCIAL	Silvana Vicente

CITAÇÕES

*Quando alguém pergunta para que serve a filosofia, a resposta deve ser agressiva, visto que a pergunta se pretende irônica e mordaz. A filosofia não serve nem ao Estado, nem à Igreja, que têm outras preocupações. Não serve a nenhum poder estabelecido. A filosofia serve para **entristecer**. Uma filosofia que não entristece a ninguém e não contraria ninguém, não é uma filosofia. A filosofia serve para prejudicar a tolice, faz da tolice algo de vergonhoso. Não tem outra serventia a não ser a seguinte: denunciar a baixeza do pensamento sob todas as suas formas...*

(Deleuze – Nietzsche e a filosofia)

É certamente uma espécie de injúria para com a filosofia obrigá-la – a ela, cuja soberania deveria ser reconhecida por toda parte – a defender-se em todas as querelas motivadas pelas consequências a que conduz, e a justificar-se perante toda arte e toda ciência que se escandaliza com ela...

(David Hume)

Ser filósofo é perigoso? Os filósofos nunca foram bem-vistos nem levados a sério. Ao longo da história, têm sido apontados como seres estranhos. Vivem fazendo perguntas sobre o óbvio: "O que é a realidade?", "O que é o bem?", "O que é o belo?", "O justo?", "O tempo?", "O que é o amor?", "O que é a verdade?". Perguntam até sobre o que eles, por dever de ofício, não deveriam ter dúvidas: "O que é a filosofia?", "O que pretendo sob o título de filosofia, como fim e campo de minhas elaborações, sei-o, naturalmente. E, contudo, não o sei... Qual o pensador para quem, na sua vida de filósofo, a filosofia deixou de ser um enigma? ... Só os pensadores secundários que, na verdade, não se podem chamar filósofo, estão contentes com as suas definições" (Husserl – *Meditações cartesianas*). Gostam mesmo de complicar. Por que perguntar sobre o óbvio, quando o óbvio é tão óbvio? O que é a realidade? – Ora bolas, como alguém, em sã consciência, pode fazer esse tipo de pergunta? Será que a resposta não é óbvia? A realidade é o que está aí, à nossa frente, bailando diante dos nossos sentidos: da nossa visão, audição, do nosso tato, olfato, do nosso paladar. Ir além dessa realidade que se desveste aos nossos sentidos, não faz sentido. Será mesmo que os sentidos se constituem como uma plataforma, segura e certa, para albergar os nossos juízos? Diz Sócrates a Fédon: "... o que os amigos do saber não ignoram é que, uma vez tomadas sob seus cuidados as almas cujas condições são estas, a filosofia entra com doçura a explicar-lhes as suas razões, a libertá-las, mostrando-lhes para isso de quantas ilusões está inçado o estudo que é feito por intermédio dos olhos, tanto como o que se faz pelos ouvidos e pelos outros sentidos; persuadindo-as ainda a que se livrem deles, a que evitem deles servir-se, pelo menos quando não houver imperiosa necessidade; recomendo-lhes que se concentrem e se voltem para si, não confiando em nada mais do que em si mesmas, qualquer que seja o objeto de seu pensamento" (Platão – *Fédon*). Antes de fazer profissão de fé aos sentidos, recomenda-se uma breve visita às suspeitas de Descartes: "Experimentei algumas vezes que os sentidos eram enganosos, e é de prudência nunca se fiar inteiramente em que já nos enganou uma vez" (*Meditações*). Continua Descartes: "O principal erro e o mais comum que se pode encontrar consiste em que eu julgue que as ideias que estão em mim são semelhantes, ou conforme às coisas que estão fora de mim..." (*Meditações*). "Estou hoje dividido entre a lealdade que devo / À Tabacaria do outro lado da rua, como coisa real por fora, / E à sensação de que tudo é sonho, como coisa real por dentro..." (F. Pessoa – *Tabacaria*). Se olharmos mais de perto, descobriremos que, por trás da realidade que vemos, uma outra realidade se esconde, não se revela imediatamente. "Por que foi que cegamos? Não sei. Talvez um dia se chegue a conhecer a razão. Queres que te digas o que penso? Diz! Penso que não cegamos, penso que estamos cegos. Cegos que veem. Cegos que, vendo, não veem" (J. Saramago – *Ensaio sobre a cegueira*). Conhecer torna-se uma tarefa árdua, trabalho de lavrador revolvendo a terra, escavando o chão em busca das mais profundas raízes que alimentam, sustentam e justificam a árvore que vemos. "O filósofo tem mesmo o pressentimento de que também sob esta realidade em que vivemos e somos, se encontra oculta uma bem diferente..." (Nietzsche – *A origem da tragédia*). "O homem, porque é espírito, pode e deve considerar-se digno do fim supremo. Não pode superestimar a amplitude e o poder de seu espírito. Se tem essa fé, nada será rude e duro a ponto de não abrir-se a ele. A essência do Universo, inicialmente oculto e fechado, não tem força suficiente para resistir à coragem de conhecer, deve abrir-se diante dela, oferecendo à sua vista e à sua fruição suas riquezas e sua profundidade" (Hegel – *Lições sobre a história da filosofia*). Não se sabe por que poucas pessoas se aproximam dos filósofos, poucos se interessam pelo que eles falam. Evitam suas perguntas. São identificados como homens alienados, desprovidos de qualquer habilidade para responder às demandas de um mundo prático. Incapazes de trocar uma lâmpada. Não estão preparados para lidar com o mundo real. Não têm muita utilidade para uma sociedade prática. "Sua irremediável inabilidade para as coisas práticas fá-lo passar por imbecil" (Platão – *Teeteto*). São merecedores de pena. Vivem com a cabeça na lua. "... não se alheia dessas coisas por vanglória, mas porque realmente só de corpo está presente na cidade em que habita, enquanto o pensamento, considerado inane e sem valor todas as coisas merecedoras apenas de desdém, paira por cima de tudo, como diz Píndaro, sondando os abismos da terra e medindo a sua superfície, contemplando os astros para além do céu, a prescrutar a natureza em universal e cada ser em sua totalidade, sem jamais descer a ocupar-se com o que se passa ao seu lado" (Platão – *Teeteto*). "Pitágoras, quando lhe perguntam para que vive, responde: para contemplar o céu e as estrelas. Anaxágoras, acusado de não se interessar pela família nem pela Pátria, aponta com a mão o céu e diz: eis a minha Pátria" (W. Jaeger – *Paideia*). São capazes de passar horas refletindo sobre uma ideia, completamente abstraídos do mundo real. "Concentrado numa reflexão, logo se detivera desde a madrugada a examinar uma ideia, e como esta não lhe vinha, sem se aborrecer ele se conservara de pé, a procurá-la. Já era meio-dia, os homens estavam observando, e cheios de admiração diziam uns aos outros: Sócrates desde a madrugada está de pé ocupado em suas reflexões! Por fim, alguns dos jônicos, quando já era de tarde, depois de terem jantado – pois era então o estio – trouxeram para fora os seus leitos e ao mesmo tempo que iam dormir na fresca, observavam-no a ver se também a noite ele passaria de pé. E ele ficou de pé, até que veia a aurora e o sol se ergueu; a seguir foi embora, depois de fazer uma prece ao sol" (Platão – *O banquete*). Podem até lhes oferecer uma ajuda, mas não teriam coragem de convidá-los a dirigir a sua empresa, o seu mercado, a sua barraca de feira. Ninguém correria esse risco. Entretanto, apesar dessa desimportância, todos reconhecem nesses "estranhos" homens um certo perigo. São pobres, sem terem feito voto de pobreza. Segundo um deles, Aristóteles, se eles quisessem, seria "fácil enriquecer, mas não é isso que lhe interessa!". Sócrates, um dos primeiros delirantes, sempre foi pobre, nunca deu valor aos bens materiais, dizia que levava a sua vida "trabalhando para melhorar a alma dos homens", o maior bem que um homem pode ter. "Essa ocupação [a missão de questionar tenazmente os indivíduos para que atinjam o autoconhecimento] não me permitiu os lazeres para qualquer atividade digna de menção nos negócios públicos nem nos particulares; *vivo em pobreza extrema, por estar a serviço do deus*". Orgulha-se de ninguém poder acusá-lo de usar os seus ensinamentos para ganhar dinheiro. "[...] Se auferisse proveito, se meus conselhos fossem pagos, meu procedimento teria outra explicação; mas vós mesmos o estais vendo; meus acusadores, tão descarados com todas as outras acusações, não foram capazes da extrema impudência de exibir testemunha de que alguma vez tenha recebido ou pedido remuneração. Porquê da verdade de minhas alegações exibo, penso, uma prova cabal: minha pobreza". "[...] quando Carmides lhe ofereceu uns poucos escravos para proporcionar-lhe algum lucro, o filósofo recusou a oferta. [...] Em sua opinião existia apenas um bem – o conhecimento –, e apenas um mal – a ignorância –; riqueza e nobreza de nascimento não conferem dignidade a quem as tem; ao contrário, trazem somente o mal" (Diôgenes Laêrtios – *Vidas e doutrinas dos filósofos ilustres*). Antifonte, um sofista, opondo-se ao estilo de vida de Sócrates, diz não achar justo que este não tire proveito dos seus conhecimentos, cobrando por suas lições. Assim Sócrates o responde: "– Olha, Antifonte, entre nós, acreditamos que a beleza e a sabedoria tanto podem ser belas como vergonhosas: porque se alguém vender, por dinheiro, a sua beleza a quem a quiser, chama-se prostituição, mas se alguém travar conhecimento com um amante bem formado e se tornar seu amigo, consideramo-lo sensato. E com a sabedoria passa-se o mesmo: àqueles que a vendem por dinheiro chamam-lhes sofistas [que é o mesmo que prostitutas], enquanto àquele que conhecer alguém de boa índole e lhe ensinar o que tem de bom, tornando-se seu amigo, desse acreditamos que o que ele faz corresponde à atuação do cidadão perfeito" (Xenofonte – *Memoráveis*). Dirá Rousseau, alguns séculos à frente: "Sempre compreendi que a posição do escritor só pode ser ilustre e respeitada quando não é um meio de vida". "[...] Para poder, para ousar dizer grandes verdades, é preciso não depender do seu lucro" (*Confissões*). São homens de aspectos esquisitos, não se cuidam bem, barba e cabelos grandes e desdenhados, roupas descuidadas, dizem até que alguns são avessos ao banho. Causou estranheza aos convidados de Agatão, encontrar Sócrates todo arrumado, de banho tomado, túnica limpa, calçado, o que "poucas vezes fazia". Diz Aristófanes, sobre Sócrates: – "Porque caminhas de cabeça erguida pelas ruas, girando os olhos, e suportas descalço muitas dificuldades, mostra-se diante de nós com o olhar altivo" (Diôgenes Laêrtios – *Vidas e doutrinas dos filósofos ilustres*). Um Cínico, chamado Diógenes de Sínope, numa demonstração de completo desapego às coisas materiais, vivia num túnel, vestia-se com uma túnica e passava o dia com uma lamparina à mão, andando pelas ruas da cidade, dizendo que estava "procurando um homem". Em sua excentricidade, ancorado em um naturalismo extremado, desprovido de qualquer constrangimento, radicalizava: peidando, urinando, defecando, até mesmo se masturbando, em público. São mesmo seres estranhos. Quando lhes perguntam: o que faz da vida? Responde: sou filósofo. Voltam a lhe perguntar: e o que isso quer dizer? Não sabe responder. E por que não sabe? "[...] sou estéril em matéria de sabedoria, tendo grande fundo de verdade a censura que muitos me assacam, de só interrogar os outros, sem nunca apresentar opinião pessoal sobre nenhum assunto, por carecer, justamente, de sabedoria" (Platão – *Teeteto*). Acabam por deixar a impressão de que são meio birutas. Passam a vida se dedicando a algo que nem mesmo eles sabem o que é, são incapazes de definir o seu saber. Deveriam, reconhecendo a sua própria ignorância, recolher-se, silenciar-se. Não, ao contrário, tem prazer em sair por aí causando confusão nos espíritos alheios. Sócrates – "[...] dizem [...] que eu sou o homem mais esquisito do mundo, e que eu lanço confusão no espírito dos outros" (Platão – *Teeteto*). Claro que ele poderia responder, dizendo: – "Saio por aí fazendo a mesma pergunta que vocês acabam de me fazer: o que isso quer dizer?" Entretanto, evita essa resposta, ela só complicaria de vez a comunicação entre eles. Não reconheceriam nenhum valor em uma resposta que não responde, em uma resposta que se converteu em uma nova pergunta? Acabariam dando razão aos que dizem que: "A filosofia é uma ciência com a qual e sem a qual o mundo permanece tal e qual". Para não gerar mais confusão, desiste do debate, evitando um confronto de ideias, reconhece não saber o que deveria saber: o que é a filosofia "A filosofia tem horror a discussões. Ela tem mais o que fazer. O debate lhe é insuportável, não porque ela é segura demais de si mesma: ao contrário, são suas incertezas que a arrastam para outras vias mais solitárias" (G. Deleuze e F. Guattari – *O que é a filosofia?*). Antes de partir, o filósofo poderia ter dito: agora temos algo em comum, não sabemos o que é a filosofia. Então, eu tenho uma proposta: vamos juntos investigar sobre o seu significado? Esqueçam a definição, vamos filosofar? "Que ninguém hesite em se dedicar à Filosofia enquanto jovem, nem se canse de fazê-lo depois de velho, porque ninguém jamais é demasiado jovem ou demasiado velho para alcançar a saúde do espírito. Quem afirma que a hora de se dedicar à filosofia ainda não chegou, ou que ela já passou, é como se dissesse que ainda não chegou ou já passou a hora de ser feliz" (Epicuro – *Carta sobre a felicidade – a Meneceu*). Ao que parece, não precisa ser filósofo para filosofar, basta ter o espírito tocado pela curiosidade, pela admiração, pela suspeita, basta estar aberto para o exercício da pergunta, driblando os riscos de se ancorar nas armadilhas das respostas definitivas. "Teeteto – Pelos deuses, Sócrates, causa-me grande admiração o que tudo isso possa ser, e só de considerá-lo, chego a ter vertigem. Sócrates – Estou vendo, amigo, que Teodoro não ajuizou erradamente tua natureza, pois a admiração é a verdadeira característica do filósofo. Não tem outra origem a filosofia" (Platão – *Teeteto*). Para filosofar, não precisa ser um iluminado, um gênio que se encontra acima dos pobres mortais, desprovidos de uma mente privilegiada. Não, isso não é verdade. "Sócrates – [...] é que a natureza [...] pôs certa filosofia na alma desse homem" (Platão – *Fedro*). "Todos os homens, por natureza, desejam conhecer" (Aristóteles – *Metafísica*). Desejar conhecer já é desejar filosofar. O desejo é a consciência de uma falta, é a presença de uma ausência. Quem busca conhecer já é senhor de sua falta, já tomou posse de seu "não saber", condição originária do filosofar. "[...] pressuposto que se é uma pessoa, tem-se também, necessariamente, a filosofia de sua pessoa: no entanto, há uma diferença relevante. Em um são suas lacunas que filosofam, em outro suas riquezas e forças. O primeiro necessita de sua filosofia, seja como amparo, tranquilizante, medicamento, redenção, elevação, alheamento de si; neste último, ela é apenas um belo luxo, no melhor dos casos a volúpia de uma gratidão triunfante, que acaba tendo ainda de se inscrever em maiúsculas cósmicas no céu dos conceitos." (Nietzsche – *A gaia ciência*). Bem, é possível que aqueles que interrogavam o filósofo, em busca de verdades definitivas, para orientar suas caminhadas neste mundo, não encontrando o que buscavam, se afastem dele, não sem antes comentar entre eles: este homem parece ser louco. Mas, sobre esse assunto, melhor não perguntar nada, senão ele virá com outra pergunta: o que é a loucura? Todos riem ao mesmo tempo, enquanto se afastam. Diz Hume: "Todas as pessoas de pensamento superficial tendem a depreciar as de sólido entendimento como os pensadores abstrusos, os metafísicos e refinados e nunca aceitam como justa qualquer coisa que esteja além de suas fracas concepções" (*Investigações acerca do entendimento humano*). Bem diferente da filosofia, a ciência conquista facilmente almas e mentes dos que buscam repouso na segurança das "verdades definitivas". Se a ela perguntam: o que é a verdade? Ela não titubeia em responder. Suas prateleiras estão cheias de verdades indubitáveis que comprovam a sua eficácia. Suas conquistas garantem um conhecimento verdadeiro sobre o Mundo. A sua verdade lhe outorga o direito de dizer como o Mundo funciona. Esse sim é um saber útil ao homem, à vida. Tem respostas certas para todas as nossas perguntas. Garante um lugar seguro para o homem fixar-se, para o homem erguer a sua morada. "Verdadeiramente tu és o Deus... o Salvador" (*Isaías*). "Somos assim: sonhamos o voo, mas tememos a altura. Para voar é preciso ter coragem para enfrentar o terror do vazio. Porque é só no vazio que o voo acontece. O vazio é o espaço da liberdade, a ausência de certezas. Mas é isso o que tememos: o não ter certezas. Por isso trocamos o voo por gaiolas. As gaiolas são o lugar onde as certezas moram" (F. Dostoiévski – *Os irmãos Karamázov*). Nesses momentos de muitas certezas, faz bem à alma embriagar-se com um bom cálice de poesia: "Encontrei hoje em ruas, separadamente, dois amigos meus que se haviam zangado um com o outro. Cada um me contou a narrativa de porque se haviam zangado. Cada um me disse a verdade. Cada um me contou as suas razões. Ambos tinham razão. Não era que um via uma coisa e outro outra, ou que um via um lado das coisas e outro de um outro lado diferente. Não: cada um via as coisas exatamente como se haviam passado, cada um as via com um critério idêntico ao do outro, mas cada um via uma coisa diferente, e cada um, portanto, tinha razão. Fiquei confuso desta dupla existência da verdade" (F. Pessoa). Anteriormente, enquanto os jovens se afastavam do filósofo, riam e levantavam suspeitas sobre a sua sanidade mental. De verdade, eles não erram. O próprio Sócrates, no *Fedro*, classifica a loucura como boa e má. Entre as boas, encontra-se a loucura do filosofar, que tem uma "inspiração divina": "[...] os deuses desejam a suprema ventura daqueles a quem foi concedida a graça da loucura. Certamente que essa demonstração não convencerá os habilidosos, mas será convincente para os sábios". Diz Heidegger: a "Filosofia é aquele modo de pensar, com o qual, essencialmente, nada se pode começar e acerca do qual as criadas necessariamente se riem" (*Que é uma coisa?*). A chacota sempre acompanhou os passos dos delirantes da filosofia. Como entender esses estranhos seres, se sequer eles se entendem? Enquanto um fala que "nada muda", "o ser é uno, imutável e eterno", "o ser é, o não ser não é", "a mudança é um descaminho da razão", uma desrazão; o outro, senhor de ideias tão confusas que o chamavam de "o Obscuro", ao contrário, falava: que "tudo muda", tudo é devir, tudo se encontra em movimento, "o ser é, o não ser é", "não se toma banho duas vezes nas mesmas águas do mesmo rio"; um deles, de "nariz chato e olhos saltados", muito conhecido, que se autodenominava como "parteiro de ideias": "A minha arte obstétrica tem atribuições iguais às das parteiras, com a diferença de eu não partejar mulher, porém homens, e de acompanhar as almas, não os corpos, em seu trabalho de parto. Porém a grande superioridade da minha arte consiste na faculdade de conhecer de pronto se o que a alma dos jovens está na imanência de conceber é alguma quimera e falsidade ou fruto legítimo e verdadeiro" (Platão – *Teeteto*), teve a coragem de dizer que a "única coisa que sabia era que nada sabia"; por sua vez, seu discípulo mais famoso, Platão, não satisfeito com o mundo que via, assumiu a responsabilidade de duplicá-lo, criando outro mundo, acessível só ao intelecto, onde fez habitar as causas originárias de todas as coisas; um pouco mais à frente, um outro, mais confuso ainda, transformou a dúvida em método, e o indicou como o caminho, "seguro e certo", para a conquista das verdades indubitáveis. Não contente em ter incitado o homem a colocar tudo em dúvida, foi além, disse que "o homem é uma coisa pensante", que "só existe enquanto pensa". O que será que ele queria dizer com esses enigmas? Sem a ajuda de Édipo, é quase impossível decifrá-los. O primeiro, entre todos eles, que estudava astronomia, gostava de investigar o universo – "Dizem que ele observou pela primeira vez as estrelas diminutas do carro que guiava os nautas da Feníncia" (Diôgenes Laêrtios – *Vidas e doutrinas dos filósofos ilustres*), falava em todos os cantos "que a água é a origem de todas as coisas", "que tudo é uno"... que tudo muda, mas o uno permanece na base de tudo que muda, é o princípio de todas as coisas... Este último, ao que parece, chamava-se Tales de Mileto, o primeiro delirante, dotado de muita habilidade para contemplar as estrelas – chegou a prevê um eclipse do Sol –, mas incapaz de enxergar a realidade diante dos seus passos. Segundo Sócrates, aplica-se a todos os que se põe a filosofar a pilhéria da qual Tales foi vítima. "Foi o caso de Tales, quando observava os astros; porque olhava para o céu, caiu num poço. Contam que uma decidida e espirituosa rapariga da Trácia zombou dele, com dizer-lhe que ele procurava conhecer o que passava no céu, mas não via o que estava junto dos próprios pés. Essa pilhéria se aplica a todos os que vivem para a Filosofia" (Platão – *Teeteto*). O próprio Sócrates, enquanto filosofava, não poucas vezes, foi humilhado e ridicularizado publicamente, chegando ao ponto de sofrer violência física: "Frequentemente sua conversa [...] tendia para a violência, e então seus interlocutores golpeavam-no com os punhos ou lhe arrancavam os cabelos; na maior parte dos casos Sócrates era desprezado e ridicularizado, mas tolerava todos esses abusos pacientemente [...]". Incidentes desse tipo chegaram a tal ponto que, certa vez, suportando com a calma habitual os pontapés que recebera de alguém, a uma pessoa que manifestou admiração por sua atitude o filósofo respondeu: "Se eu recebesse coices de um asno levá-lo-ia por acaso aos tribunais?" (Diôgenes Laêrtios – *Vidas e doutrinas...*). Aristófanes, considerado o pai da comédia, contemporâneo do Sócrates, um dos personagens de Platão, em seu livro, *O banquete*, a quem coube

proferir, através do *mito dos andróginos*, um belo discurso sobre a origem do amor, que, segundo ele, aparece no mundo como falta, incompletude, busca permanente por uma unidade originária perdida, fazendo chacota de Sócrates e, por extensão, a todos os filósofos, em seu texto, *As nuvens*, tendo-o com um de seus personagens, mostra-o, no primeiro momento em que aparece em cena, em um cesto, suspenso no ar, contemplando os astros. Não deixa de ser hilário ver Aristófanes chamando Sócrates, de "Socratesinho". "[...] STREPSIADES (Vendo Sócrates.) – Olhe ali! Quem é aquele cara que está empoleirado naquela cesta suspensa no ar? DISCÍPULO – É ele! STREPSIADES – É ele quem? DISCÍPULO (Com ar de beatitude.) – Sócrates! STREPSIADES – Alô, Sócrates! (Dirigindo-se ao Discípulo.) – Chame você bem alto! DISCÍPULO – Chame você mesmo; não tenho tempo. (Sai o Discípulo.) STREPSIADES – Sócrates! Socratesinho! SÓCRATES (Suspenso numa cesta.) – Por que me chama, criatura efêmera? STREPSIADES – Para início de conversa, o que é que você está fazendo aí? SÓCRATES – Percorro os ares e contemplo o sol. STREPSIADES – Você está olhando dessa cesta os deuses daí de cima, e não a terra, como devia! SÓCRATES – De fato, nunca eu poderia distinguir as coisas celestes se não tivesse elevado meu espírito e misturado meu pensamento sutil com o ar igualmente sutil. Se eu tivesse ficado na terra para observar de baixo as regiões superiores, jamais teria descoberto coisa alguma, pois a terra atrai inevitavelmente para si mesma a seiva do pensamento. É exatamente isto que acontece com o agrião. STREPSIADES – Que papo é esse? O pensamento atrai a seiva do agrião? Calma, meu Socratesinho! Desça até onde eu estou, para me ensinar as coisas que vim aprender aqui." Marx, que nem sempre teve os filósofos em boa conta, não perde a oportunidade de também lançar sobre essa espécie de gente a sua chacota. Narra, em uma carta que escreve à sua filha, Laura: "um barqueiro, recebe um filósofo que deseja fazer a travessia entre as margens do rio". Começa um diálogo entre eles:
– "Filósofo: barqueiro, você sabe História? Barqueiro: não! Filósofo: então perdeu a metade da sua vida. E ainda o filósofo: estudou matemática? Barqueiro: Não! Filósofo: então perdeu mais da metade

da sua vida. Essas palavras apenas haviam acabado de sair da boca do filósofo e o vento virou o barco e ambos, barqueiro e filósofo, viram-se lançados à água. Então o barqueiro disse: Você sabe nadar? Filósofo: Não! E o barqueiro: Então perdeu a vida inteira". A pilhéria que Marx usa para evidenciar a falta de habilidades práticas dos filósofos não caberia bem para ele mesmo? Cada um tem um poço a colocar em riscos os próprios passos. Qual seria o de Marx? Senhor de um saber revolucionário, profundo conhecedor da história, da política e da economia, criticava os filósofos, prisioneiros de um saber teórico, incapazes de converterem seus conhecimentos em uma ação prática, transformadora do mundo real. "Até aqui os filósofos apenas interpretaram o mundo de diferentes maneiras; trata-se agora de transformá-lo" (Marx – *Teses sobre Feuerbach*). Entretanto, quando se tratava de cuidar de sua própria casa, de sua economia doméstica, de seu "poço" particular, esse revolucionário, administrador e transformador do mundo real, demostrava poucas habilidades. Enquanto seu pensamento transformava o mundo, a sua vida prática encontrava-se num verdadeiro caos. Seria ele mais um que sabe contemplar estrelas, mas ignora o poço que está à sua frente? Sofre ele dos mesmos males que sofrem os filósofos que ele criticava? Sem a frequente ajuda financeira de seu amigo Engels, a sua travessia teria sido muito mais tortuosa. O próprio Marx, em carta dirigida a Engels, demonstra-se desesperado com o caos em que se encontra a sua economia doméstica: "Sua carta de hoje me encontrou num estado de grande agitação. Minha mulher está doente. A pequena Jenny está enferma. Lenchen [a camareira] teve algum tipo de febre nervosa. Não poderia e não posso chamar o médico porque não tenho dinheiro para comprar remédios. Durante os últimos oito a dez dias estive alimentando a família unicamente com pão e batatas, mas se conseguirei arranjar algum desses hoje é duvidoso... A melhor e mais desejável coisa que poderia me acontecer seria que a senhora me expulsasse. Assim ao menos me livraria da despesa de 22 libras. Mas tal complacência dificilmente se poderia esperar dela. [Um membro da maligna classe dos proprietários de imóveis...]. Acima de tudo isso, as dívidas continuam exorbitantes com o padeiro, o leiteiro, o homem do chá [...], o verdureiro, o açougueiro. Como sairei dessa enrascada infernal...?".

Ao contrário de Tales, a escrava tem muita habilidade para se livrar do poço que se encontra à sua frente, mas teria ela a mesma habilidade para ler o que dizem os astros? De tanto olhar o abismo, não teria ela se tornado prisioneira dele? Será que o poço da ignorância que vivemos hoje, não seria bem mais profundo se Tales não tivesse contemplado as estrelas, mesmo correndo o risco de ser motivo de chacota pela escrava? Quem sabe, o perigo da filosofia não estaria em ensinar aos homens a contemplar as estrelas! "Um filósofo é um homem que vive, vê, ouve, suspeita e sonha constantemente com coisas extra-ordinárias" (Nietzsche – *Para além de bem e mal*). A pilhéria com os filósofos não é de toda muito justa. Se eles contemplam estrelas é porque a partir delas melhor enxergam a realidade. Se eles olham para o alto é porque lá, aonde só o intelecto pode chegar, é o lugar onde os conceitos são fabricados. O próprio Tales, identificado pelo sorriso da criada como um lunático, quando contemplava os astros, tinha dois interesses: um teórico e outro prático. Diz a lenda que, estudando o movimento dos astros, em um período de seca, previu quando chegaria as chuvas, antecipando-se aos seus concorrentes, teria feito a sua plantação de oliveiras, obtendo grandes lucros com a produção de azeite, o que o tornou um homem rico. Ao que parece, esse filósofo não era tão lunático assim. Mesmo Sócrates, avesso à riqueza, o saber que ele buscava tinha uma intenção prática, não é um homem com a cabeça na lua, alienado da realidade concreta de sua amada Atenas. O seu saber visa à cidade: esclarecer a alma dos homens, para que melhor eles possam cuidar da cidade, que é a casa de todos. Assim como Prometeu roubou de Zeus o fogo para devolver a luz aos homens, que se encontravam na escuridão, Sócrates, roubou dos deuses a verdade, devolveu ao homem o seu domínio, sua conquista alcançou as ruas, as praças, as casas, a alma da cidade. No capítulo VII da *República*, Platão deixa claro a função prática da filosofia. Sócrates, depois de ter se libertado das correntes da ignorância, depois de ter educado a sua alma para contemplar o sol, não permanece fora da caverna, com a cabeça no mundo da lua, contemplando o astro do conhecimento, não, ao contrário, mesmo correndo risco de vida, ele retorna à sua antiga morada, com uma tarefa pedagógica: educar os seus antigos companheiros para que, também eles, livres da ignorância, da aparência, da superstição, livres do mundo das sombras, possam, finalmente, conquistar a sua emancipação. O saber prático da filosofia socrática ultrapassou o cidadão de *Atenas*, alcançou a formação do homem, tornou-se "o mais espantoso fenômeno pedagógico da história do Ocidente" (W. Jaeger – *Paideia*). "A empresa filosófica consiste no esforço envidado para abrir passagem à mais elevada exigência de universalidade através de circunstâncias infinitas e contraditórias. Não imaginemos que o pensador se estabeleceu sem dificuldade ao nível do universal, para aí permanecer: ele partiu de sua realidade singular e, no fim de contas, regressa a essa mesma realidade, a fim de justificá-la" (G. Gusdorf – *Tratado de Metafísica*). Um saber que nasce nas estrelas, no mundo das ideias, cai no quintal do mundo real, espalha-se pelas avenidas da cidade, converte-se em um saber sobre o saber, um saber que esclarece a melhor correção de todos os outros saberes. "[...] o espírito da filosofia, se cuidadosamente cultivada por alguns, difunde-se gradualmente através de toda a sociedade e confere a todas as artes e profissões semelhante correção. O político adquirirá maior previsão e sutileza na divisão e no equilíbrio do poder, o advogado, mais método e princípios mais sutis em seus raciocínios, o general, mais regularidade em sua disciplina, mais cautela em seus planos e em suas manobras..." (Hume – *Investigação acerca...*). Platão, entre todos os delirantes, o mais nobre, o que mais contribuiu para a formação do homem ocidental, mesmo instalando no mundo das ideias o lugar seguro da verdade, tem a cidade como o seu alvo de referência. O seu saber converte-se em um *Bem* comum, um *Bem* da cidade, lugar onde o homem encontra a sua verdadeira felicidade. "[…] ao fundar nossa cidade, nossa meta não era que uma única classe fosse muito feliz, mas que, na medida do possível, toda cidade fosse feliz" (Platão – *A república*). "A imagem do filósofo, tanto popular como científica, parece ter sido fixada pelo platonismo: um ser das ascensões que sai da caverna, eleva-se e se purifica na medida em que se eleva... dele depende a imagem popular do filósofo nas nuvens, mas também a imagem científica segundo a qual o céu do filósofo é um céu inteligível que nos distrai menos da terra do que compreende sua lei" (Deleuze – *Lógica do sentido*). Governará a cidade aquele que melhor contemplar as ideias do alto, onde habitam os modelos originários de todas as coisas. Ninguém parece mais preparado para definir o que é a filosofia do que Platão. Diferentemente de Sócrates, que buscava o conceito, só buscava... Platão, ao contrário, tornou-se um dos seus mais qualificados fabricantes. Entretanto, se alguém lhe pedisse para definir o que é a filosofia, assim como todos os outros filósofos, recusar-se-ia a uma tal tarefa, ou a definiria, não a definindo: "Com efeito, uma das coisas mais belas é a sabedoria, e o Amor é amor pelo belo, de modo que é forçoso o amor ser filósofo e, sendo filósofo, está entre o sábio e o ignorante". Não contente com essa "não" definição, o curioso voltaria a perguntar: – E qual seria a natureza desse amor, desse desejo do saber, que já é filosofar? Em seu livro, *O banquete*, Platão busca responder a essa pergunta. Reunidos na casa de Agatão, vários atenienses, sete ao todo – Fedro, Pausânias, Erixímaco, Aristófanes, Agatão, Sócrates, Alcibíades –, propõem-se a investigar sobre a origem do amor. "[...] poderíamos muito bem entreter nosso tempo em discursos; acho que cada um de nós, da esquerda para a direita, deve fazer um discurso de louvou ao Amor, o mais belo que puder, e que Fedro deve começar primeiro, já que tá na ponta e é o pai da ideia" (Platão – *O banquete*). Sócrates é o último a falar. Ao filósofo caberá a responsabilidade de definir e identificar a origem do amor. Mantendo-se fiel ao seu "não saber", Sócrates declina-se de tal tarefa e passa a narrar aos presentes o discurso sobre o amor que teria ouvido "um dia, de uma mulher de *Mantinéia*, Diotima, que nesse assunto era entendida". Pergunta Sócrates: "– Que dizeis, ó Diotima? É feio então o Amor, e mau? E ela: – Não vais te calar? Acaso pensas que o que não for belo, é forçoso ser feio? [...] E também se não for sábio é ignorante? Ou não percebeste que existe algo entre sabedoria e ignorância? [...]". – "O quê, então, ó Diotima? – Um grande gênio, ó Sócrates; e com efeito, tudo o que é gênio está entre um deus e um mortal. – E com que poder? perguntei-lhe". Então, Diotima passa a narrar a origem do Amor: "Quando nasceu Afrodite, banqueteavam-se os deuses, e entre os demais se encontrava também o filho de Prudência, Recurso. Depois que acabaram de jantar, veio para esmolar do festim a Pobreza, e ficou pela porta. Ora, Recurso, embriagado com o néctar —, pois vinho ainda não havia — penetrou o jardim de Zeus e, pesado, adormeceu. Pobreza então, tramando em sua falta de recurso engendrar um filho de Recurso, deita-se ao seu lado e pronto concebe o Amor. Eis por que ficou companheiro e servo de Afrodite o Amor, gerado em seu natalício, ao mesmo tempo que por natureza amante do belo, porque também Afrodite é bela. E por ser filho o Amor de Recurso e de Pobreza foi esta a condição em que ele ficou. Primeiramente ele é sempre pobre, e longe está de ser delicado e belo, como a maioria imagina, mas é duro, seco, descalço e sem lar, sempre por terra e sem forro, deitando-se ao desabrigo, às portas e nos caminhos, porque tem a natureza da mãe, sempre convivendo com a precisão. Segundo o pai, porém, ele é insidioso com o que é belo e bom, e corajoso, decidido e enérgico, caçador terrível, sempre a tecer maquinações, ávido de sabedoria e cheio de recursos, a filosofar por toda a vida, terrível mago, feiticeiro, sofista: e nem imortal é a sua natureza nem mortal, e no mesmo dia ora ele germina e vive, quando enriquece; ora morre e de novo ressuscita, graças à natureza do pai; e o que consegue sempre lhe escapa, de modo que nem empobrece o Amor nem enriquece, assim como também está no meio da sabedoria e da ignorância. [...] Nenhum deus filosofa ou deseja ser sábio — pois já é, assim como se alguém mais é sábio, não filosofa. Nem também os ignorantes filosofam ou desejam ser sábios; pois é nisso mesmo que está o difícil da ignorância, no pensar, quem não é um homem distinto e gentil, nem inteligente, que lhe basta assim. Não deseja portanto quem não imagina ser deficiente naquilo que não pensa lhe ser preciso. [...] – Quais então, Diotima – perguntei-lhe – os que filosofam, se não são nem os sábios nem os ignorantes? – É o que é evidente desde já – respondeu-me – [...] são os que estão entre esses dois extremos, e um deles seria o Amor. Com efeito, uma das coisas mais belas é a sabedoria, e o Amor é amor pelo belo, de modo que é forçoso o Amor ser filósofo e, sendo filósofo, estar entre o sábio e o ignorante. E a causa dessa sua condição é a sua origem: pois é filho de um pai sábio e rico e de uma mãe que não é sábia, e pobre [...]" (Platão – O banquete).

 Cuidado com o filósofo, ele é um ser perigoso, ardiloso e enganador. Diz uma coisa, quando, de verdade, está querendo dizer o seu contrário. Usa a arma da ironia para surpreender os espíritos mais preguiçosos e resistentes. Segundo Alcibíades, é assim que Sócrates se comporta: "... e é ironizando e brincando com os homens que ele passa toda a vida" (Platão – O banquete). Em um outro momento, nesta mesma obra, diz Alcebíades: "... foi no coração ou na alma, ou no que quer que se deva chamá-lo que fui golpeado e mordido pelos discursos filosóficos, que tem mais virulência que a víbora quando pegam de um jovem espírito...". "O que às vezes custa tempo ao irônico é o esmero que ele emprega para vestir a roupagem correta, adequada à personagem que ele mesmo inventou de ser. Neste aspecto o irônico entende do assunto e possui um lote considerável de máscaras e fantasias à sua livre escolha" (Kierkegaard – O conceito de ironia). É um desconstrutor. Chega, colocando sua alma em desordem, desarrumando a sua casa, salopando os alicerces de suas certezas, parte, deixando com você a responsabilidade de reconstruir os seus alicerces, de rearrumar a sua casa. Se queres a paz, se afaste dele, ele não é uma boa companhia. "Alcibíades – Eu pelo menos, senhores, se não fosse de todo parecer que estou embriagado, eu vos contaria, sob juramento, o que é que eu sofri sob o efeito dos discursos deste homem (Sócrates), e sofro ainda agora" (Platão – O banquete). É um fingidor. Finge não saber, quando, de verdade, sabe. Sabe que não sabe. Sabe que não sabe nenhum saber determinado e definitivo. Nenhum saber que ele sabe, dá conta do saber que ele busca saber. Tornou-se filósofo quando tomou posse, não de um saber efetivo, mas de sua própria ignorância. Saber que não sabe é a sua sabedoria. Essa é a pequena vantagem que o filósofo leva sobre aqueles que se dizem senhor da verdade. "Sócrates – [...] De muita coisa do meu discurso não tomarei a defesa; porém que nos tornamos melhores quando estamos convencidos de que é preciso procurar o que não sabemos, mais corajosos e menos desamparados do que quando pensamos que nem podemos encontrar nem é possível procurar o que ignoramos: a este respeito me disponho a lutar com todas as minhas forças, por atos ou por palavras" (Platão – *Mênon*). Neste sentido, volta-se ao filosofar originário, indicado por Sócrates, reafirmado por Aristóteles em sua *Metafísica*, como o primeiro movimento a ser feito por todo aquele que deseja tornar-se um amante de *Sophia*: "*Só sei que nada sei*". Aqui começa a filosofia. Aqui o homem começa a filosofar.

> De fato, os homens começaram a filosofar, agora como na origem, por causa da admiração, na medida em que, inicialmente, ficavam perplexos diante das dificuldades mais simples; em seguida, progredindo pouco a pouco, chegaram a enfrentar problemas sempre maiores, por exemplo, os problemas relativos aos fenômenos da lua e aos do sol e dos astros, ou os problemas relativos à geração de todo o universo. Ora, quem experimenta uma sensação de dúvida e de admiração reconhece que não sabe; [...] De modo que, [...] os homens filosofaram para libertar-se da ignorância... (Aristóteles – *Metafísica*).

Esse homem, habitante da suspeita, não se contentará com nenhuma resposta definitiva, não se subordinará a qualquer verdade que o determine, localize, ou o aprisione. Aprendeu a cuidar de si, não servirá a nenhum senhor, do céu ou da Terra. Libertando-se das aparências, das contingências, das perigosas armadilhas das paixões, desafiando a gravidade, o espírito voa cada vez mais alto, se encontra perto das estrelas... Arrisca-se, desvia-se dos rebanhos, nega-se a ir por onde mandam ele ir: – "Não, eu não vou por aí. *Só vou por onde / Me levam meus próprios passos...*". Depois de uma longa e exaustiva caminhada, atravessando noites escuras, finalmente, ao amanhecer do dia, o espírito encontra-se livre e preparado para contemplar o próprio Sol. "Considera agora o que lhes acontecerá, naturalmente, se forem libertados das suas cadeias e curados da sua ignorância. [...] Terá, creio eu, necessidade de se habituar a ver os objetos da região superior. Começará por distinguir mais facilmente as sombras; em seguida, as imagens dos homens e dos outros objetos que se refletem nas águas; por último, os próprios objetos. Depois disso, poderá, enfrentando a claridade dos astros e da Lua, contemplar mais facilmente, durante a noite, os corpos celestes e o próprio céu do que, durante o dia, o Sol e sua luz. Glauco – Sem dúvida. Sócrates – Por fim, suponho eu, será o sol, e não as suas imagens refletidas nas águas ou em qualquer outra coisa, mas o próprio Sol, no seu verdadeiro lugar, que poderá ver e contemplar tal qual é. Glauco – Necessariamente" (Platão, *A república*).

"Vem por aqui" – *dizem-me alguns com os olhos doces / Estendendo-me os braços, e seguros / De que seria bom que eu os ouvisse / Quando me dizem: "vem por aqui!" / Eu olho-os com olhos lassos, / (Há, nos olhos meus, ironias e cansaços) / E cruzo os braços, / E nunca vou por ali... / A minha glória é esta: / Criar desumanidades! / Não acompanhar ninguém. / – Que eu vivo com o mesmo sem-vontade / Com que rasguei o ventre à minha mãe / Não, não vou por aí! Só vou por onde / Me levam meus próprios passos... / Se ao que busco saber nenhum de vós responde / Por que me repetis: "vem por aqui!"? / Prefiro escorregar nos becos lamacentos, / Redemoinhar aos ventos, / Como farrapos, arrastar os pés sangrentos, / A ir por aí... / Se vim ao mundo, foi / Só para desflorar florestas virgens, / E desenhar meus próprios pés na areia inexplorada! / O mais que faço não vale nada. / Como, pois, sereis vós / Que me dareis impulsos, ferramentas e coragem / Para eu derrubar os meus obstáculos?... / Corre, nas vossas veias, sangue velho dos avós, / E vós amais o que é fácil! / Eu amo o Longe e a Miragem, / Amo os abismos, as torrentes, os desertos... / Ide! Tendes estradas, / Tendes jardins, tendes canteiros, / Tendes pátria, tendes tetos, / E tendes regras, e tratados, e filósofos, e sábios... / Eu tenho a minha Loucura! / Levanto-a, como um facho, a arder na noite escura, / E sinto espuma, e sangue, e cânticos nos lábios... / Deus e o Diabo é que guiam, mais ninguém! / Todos tiveram pai, todos tiveram mãe; / Mas eu, que nunca principio nem acabo, / Nasci do amor que há entre Deus e o Diabo. / Ah, que ninguém me dê piedosas intenções, /*

Ninguém me peça definições! / Ninguém me diga: "vem por aqui"! / A minha vida é um vendaval que se soltou, / É uma onda que se alevantou, / É um átomo a mais que se animou... / Não sei por onde vou, / Não sei para onde vou / Sei que não vou por aí!" (José Maria dos Reis Pereira – Cântico negro).

Este – é o meu caminho, – qual é o vosso? assim respondi aos que perguntavam pelo "caminho". Pois o "caminho" – não existe (Nietzsche – Assim falou Zaratustra).

Vivemos em um tempo de resistência ao pensamento. Pensar passou a ser uma ação acidental, quase antinatural. Aquele que se dedica a essa tarefa tornou-se estranho, portador de uma doença contagiosa, uma espécie de lepra, da qual todos devem se afastar, evitando o risco de serem infectados. O exercício do pensamento passou a ser uma ameaça para toda sociedade que não suporta a ideia de conviver com razões esclarecidas e, ao mesmo tempo, um perigo para quem a exerce. Não demora muito, aparecerão "Profetas" anunciando que esses seres estranhos – os pensadores – deverão ser colocados na *nau dos insensatos* e retirados do convívio social. "Fechado no navio, de onde não se escapa, o louco é entregue ao rio de mil braços, ao mar de mil caminhos, a essa grande incerteza exterior a tudo. É um prisioneiro no meio da mais livre, da mais aberta das estradas: solidamente acorrentado à infinita encruzilhada. É o passageiro por excelência, isto é, o prisioneiro da passagem. E a terra à qual aportará não é conhecida, assim como não se sabe, quando desembarca, de que terra vem. Sua única verdade e sua única pátria são essa extensão estéril entre duas terras que não lhe podem pertencer" (Foucault – *História da loucura*). "Compreendo porque em seus domínios, não há sábios, nem os quer. O zelo e a boa vontade daqueles que conservaram, apesar das circunstâncias, a devoção à liberdade ficam comumente sem eficácia, por maior que seja o seu número, porque não se conhecem. O tirano os priva de toda liberdade, não só de falar e de agir, mas até de pensar, e eles permanecem isolados e solitários em seus sonhos" (Étienne de La Boétie – *Discurso da servidão voluntária*).

Não faltam exemplos na história que ilustram essa aversão ao pensamento, mais que isso, a necessidades de se excluir da sociedade todo aquele que ousa pensar diferente, de censores da razão, garantidores da moralidade pública, que se acham no direito de indicar ao homem como ele deve pensar, direcionar a sua vida, conduzir o seu gozo, como deve compreender e se pronunciar sobre a ordem histórica e cultural de seu tempo, no limite, como deve significar ou ressignificar o mundo no qual fez a sua morada.

O saber só é válido quando se torna um bem de amplitude alargada, quando se efetiva como um valor social, alcançando a alma da cidade, tornando-se um saber universal, fora do alcance da prisão do particular. Quando a verdade encontra a sua morada no particular, a serviço dos interesses particulares, de um grupo social ou mesmo de uma instituição, sacralizada ou não, os seus administradores tornam-se seres perigosos, criam entre eles seitas, sacralizam seus ritos de cultos, forjam seus messias, transferem para eles todos os seus direitos, tornam-se seus discípulos, agem como rebanho à espera de cuidados e salvação. Assim nasce o homem de alma servil, assim são construídos os seus tiranos. Nesse momento, esses senhores tornam-se fanáticos, não conseguem conviver com as diferenças, não suportam o contraditório, amaldiçoam o livre pensamento, tornam-se inimigos da liberdade. Todos os que não concordam com os seus mandamentos, que suspeitam de suas intenções, colocando em "risco" a ordem social, são identificados, catalogados como inimigos e, como tal, devem ser execrados publicamente, excluídos da sociedade, preservando, dessa forma, a "pureza" dos valores que demarcam o território sagrado onde cultuam as suas verdades. "Que coisa pior pode imaginar-se para um Estado que serem mandados para o exílio como indesejáveis homens honestos, só porque pensam de maneira diferente e não sabem dissimular? Haverá algo mais pernicioso [...] do que considerar inimigos e condenar à morte homens que não praticaram outro crime ou ação criticável senão pensar livremente?" (Spinoza – *Tratado teológico-político*). "Portanto, se ninguém pode renunciar à sua liberdade de julgar e pensar o que quiser, e se cada um é senhor dos seus próprios pensamentos por superior direito da natureza, segue-se que jamais será possível, numa república, tentar sem resultados funestos que os homens, apesar de terem opiniões diferentes e até opostas, não digam nada que não esteja de acordo com aquilo que prescreve o soberano" (Spinoza – *Tratado teológico-político*). "Sócrates, por ora não atenderemos a Ânito (apontado como o verdadeiro mentor do processo contra Sócrates) e te deixaremos ir, mas com uma condição de abandonares essa investigação e a Filosofia; *se fores apanhado de novo nessa prática, morrerás*" (Platão – *Defesa de Sócrates*). O mais violento dos Estados é, segundo Spinoza, "aquele que nega aos indivíduos a liberdade de dizer e de ensinar o que pensam" (*Tratado teológico – político*).

Atenas encontrava-se corrompida, a verdade tornou-se um conceito relativo. Os filhos da democracia aprenderam a manipular o uso da palavra, tornaram-se hábeis oradores, passaram a construir engenhosas armadilhas retóricas, com as quais aprisionavam as almas pouco exigentes. "– Não devemos admitir que também o discurso permite uma técnica por meio da qual se poderá levar aos ouvidos dos jovens ainda separados por uma longa distância da verdade das coisas, e apresentar, palavras mágicas, a propósito de todas as coisas, ficções verbais, dando-lhes assim a ilusão de ser verdadeiro tudo o que ouvem e de que, quem assim lhes fala, tudo conhece melhor que ninguém?" (Platão – *Sofista*). Quando interrogado por Sócrates sobre a retórica, Górgia, professor dessa arte, rende elogios à sua eficiência, quando se faz "bom" uso dela: –"[...] a retórica, por assim dizer, abrange o conjunto das artes que ela mantém sob sua autoridade. Vou apresentar-te uma prova eloquente disso mesmo. Por várias vezes fui com meu irmão ou com outros médicos à casa de doentes que se recusavam a ingerir remédios ou a se deixar amputar ou cauterizar; e, não conseguindo o médico persuadi-lo, eu o fazia com a ajuda exclusiva da arte da retórica. Digo mais: se, na cidade que quiseres, um médico e um orador se apresentarem a uma assembleia do povo ou a qualquer outra reunião para argumentar sobre qual dos dois deverá ser escolhido como médico, não contaria o médico com nenhuma probabilidade para ser eleito, vindo a sê-lo, se assim o desejasse, o que soubesse falar bem. E se a competição se desse com representantes de qualquer outra profissão, conseguiria fazer eleger-se o orador de preferência a qualquer outro, pois não há assunto sobre que ele não possa discorrer com maior força de persuasão diante do público do que qualquer profissional. Tal é a natureza e a força da arte da retórica! [...] É fora de dúvida que o orador é capaz de falar contra todos a respeito de qualquer assunto, conseguindo, por isso mesmo, convencer as multidões melhor do que qualquer pessoa, e, para dizer tudo, no assunto que bem lhe parecer [...]" (Platão – *Górgias*).

Domina a cidade quem melhor domina a técnica da oratória. "Sócrates: Responde que bem é esse que afirmas ser o maior bem para os homens e cujo artífice és tu! Górgias: Aquele que é, Sócrates, verdadeiramente o maior bem e a causa simultânea de liberdade para os próprios homens e, para cada um deles, de domínio sobre os outros na sua própria cidade. Sócrates: O que é isso, então, a que te referes? Górgias: A meu ver, ser capaz de persuadir mediante o discurso os juízes no tribunal, os conselheiros no Conselho, os membros da Assembleia na Assembleia e em toda e qualquer reunião que seja uma reunião política" (*Górgias*). Aprimorar as técnicas da oratória, as técnicas do convencimento, tornou-se mais importante do que a investigação sobre o que é a verdade, quais os seus limites, suas possibilidades, e, mais que isso, saber a quem ela serve: ao indivíduo ou à cidade. A *doxa* assume o lugar da *episteme*. É o que Fedro diz a Sócrates: "Fedro – A esse respeito, presta atenção ao que ouvi dizer: ouvi dizer que para quem deseja tornar-se um orador consumado, não se torna necessário um conhecimento perfeito do que é realmente justo, mas sim do que parece justo aos olhos da maioria, que é quem decide, em última instância. Tão pouco precisa de saber realmente o que é bom ou belo, bastando-lhe saber o que parece sê-lo, pois a persuasão se consegue, não com a verdade, mas com o que parece ser verdade" (Platão – *Fedro*). Ao construir *"O elogio de Helena"*, personagem central da guerra entre gregos e troianos, Górgias demonstra que o que importa não é a Helena real, junto aos seus conflitos amorosos, mas sim o discurso que se constrói sobre ela. A Helena do discurso tem mais verdade do que a Helena real, aquela que abandonou a Grécia para se entregar aos amores que o troiano Páris lhe oferecia. O discurso tem mais poder que a verdade; no limite, o discurso, sem verdade, tonou-se a verdade do discurso e, como tal, passou a afirmar-se como o verdadeiro saber, aquele a quem cabe a responsabilidade de ordenar e cuidar da cidade, administrando seus conflitos, seus sentimentos, pacificando suas emoções. "O discurso é um grande e soberano senhor, o qual, com um corpo pequeníssimo e invisibilíssimo, diviníssimas ações opera. É possível, pois, pelas palavras, tanto o medo acalmar e a dor afastar quanto a alegria engendrar e a compaixão intensificar" (Platão – *Górgias*). Sócrates, que busca um saber verdadeiro, refuta os mestres da oratória, dizendo-lhes: "– Será então possível, se um homem ignorar as verdadeiras qualidades, passar gradualmente da realidade ao seu contrário; usando a arte por meio de semelhanças, ou poderá defender-se desse perigo? Fedro – Nunca lhe seria possível defender-se. Sócrates – Logo, meu amigo, quem não conhecer a verdade, mas só alimentar opiniões, transformará naturalmente a arte retórica numa coisa ridícula, que nem sequer merece o nome de arte" (Platão – *Fedro*).

Era preciso salvar a cidade, resgatá-la das sombras, das aparências, do relativismo da *doxa*, subordinando-a à ordem da razão, lugar onde habita o conceito, onde a verdade, livre da prisão do particular, finalmente, fazendo-se *episteme*, contempla o universal. Essa foi a tarefa originária da filosofia. Em busca de sua realização, a filosofia abandonou o mundo da Física, foi construir os seus fundamentos epistemológicos em uma Meta-Física. "[...] a inteligência humana deve exercer-se segundo o que designamos por ideia, indo desde a multiplicidade das sensações para uma unidade cuja abstração é a verdade racional" (Platão – *Fedro*). "Sócrates, cujas preocupações visavam às coisas morais e de forma alguma a natureza em seu conjunto, tinha nesse domínio buscado o universal e fixado pela primeira vez o pensamento em definições" (Aristóteles – *Metafísica*). "Sócrates e Platão surgiram quando desapareceu o interesse pelas coisas públicas. A realidade, a vida política, não mais lhes trazia satisfação, e a procuraram no pensamento; procuraram em si mesmo, algo mais perfeito que o grau supremo em relação à constituição política" (Hegel – *Lições sobre a história*...).

A derrota de *Atenas* para Esparta, na guerra do *Peloponeso*, no século V, feriu mortalmente o espírito e a vida daquele povo. A cidade perdeu o seu Norte, perdeu o seu rumo, seu tecido social se decompôs. "Tudo era tempestuoso e miserável" (Hegel – *Lições sobre a história da filosofia*). O cidadão já não se reconhece na cidade, não mais participa da vida pública. Entre ele e a cidade, estabeleceu-se um estranhamento. Aquela cidade já não é mais o lugar no qual o homem buscava – e encontrava – a sua felicidade. As luzes de *Atenas* se apagaram. *Atenas* perdeu o seu futuro. Vale a pena ouvir o testemunho de Tucídides, historiador grego, que conheceu de perto as dores daquela cidade: "A violência do mal era tal que não se sabia mais o que se tornar, e perdia-se todo respeito pelo que é divino e respeitável. Todos os costumes anteriormente em vigor para as sepulturas foram transtornados. Inumava-se como se podia [...]. Mas a doença desencadeou na cidade outras desordens mais graves. Cada um se atirou à busca do prazer com uma audácia dantes escondida. À vista das bruscas transformações, dos ricos que morriam subitamente e de pobres que se enriqueciam de repente com a riqueza dos mortos, procurava-se os proveitos e os prazeres rápidos, posto que a vida e as riquezas eram igualmente efêmeras. Ninguém cuidava de atingir um objetivo honesto, pois não se sabia se se ia viver o suficiente para realizá-lo. Ninguém era retido nem pelo temor dos deuses nem pelas leis humanas; não se cuidava mais da piedade do que da impiedade desde que se via todos morrerem indistintamente [...]" (*Guerra do Peloponeso*). Aristóteles, na *Constituição de Atenas*, diz: "Porém tendo ganho maior domínio sobre a cidade, não pouparam qualquer cidadão, passando, pelo contrário, a executar as pessoas eminentes – seja pela fortuna, pelo nascimento, ou pela reputação –, tanto preocupados em suprimir seus temores quanto desejosos de espoliar-lhes os bens. Assim, em pouco tempo, liquidaram não menos de mil e quinhentas pessoas". *Atenas* torna-se uma cidade perigosa para se viver. "A parábola de ascensão e queda da grandeza imperial de *Atenas*, que criara corpo durante o século

V, resulta assim, no começo do século IV (399), no processo e condenação de Sócrates" (R. Mondolfo – *Sócrates*).

Não demorou muito, o olhar de *Atenas* volta-se em direção a um dos seus filhos: Sócrates. É preciso eliminar todo aquele que anda por aí fazendo perguntas sobre o porquê das coisas. Todo falso sábio morre de medo quando o seu suposto saber é colocado sob suspeita. Querer conhecer a verdade é correr risco de vida. Mas o que Sócrates buscava? Por que as suas ingênuas perguntas colocam a cidade em risco? De que o acusam? Qual o seu crime? "Muitas vezes me tenho perguntado, perplexo, com que argumentos aqueles que acusavam Sócrates convenceram os atenienses de que a sua morte era um bem para a cidade. A acusação que apresentaram contra ele dizia qualquer coisa como: Sócrates é culpado de não reconhecer os deuses que a cidade reconhece e de, em sua vez, ter introduzido divindades novas; e é culpado também de corromper os mais novos" (Xenofonte – *Memoráveis*). É justa a acusação feita contra Sócrates? A forma de filosofar coloca mesmo em risco a cidade? Não é justa a acusação. Ela não corresponde aos fatos. "Outra coisa não faço senão andar por aí persuadindo-vos, moços e velhos, a não cuidar tão aferradamente do corpo e das riquezas, como de melhorar o mais possível a alma, dizendo-vos que dos haveres não vem a virtude para os homens, mas da virtude vêm os haveres e todos os outros bens particulares e públicos". Continua Sócrates: "Se com esses discursos corrompo a mocidade, seriam nocivos esses preceitos; se alguém afirmar que digo outras coisas e não essas, mente. Por tudo isso Atenienses, diria eu, quer atendais a Ânito, quer não, quer me dispenseis, quer não, não hei de fazer outra coisa, *ainda que tenha de morrer muitas vezes*" (Platão – *Defesa de Sócrates*). "Porque os que sabem que são honestos não têm, como os criminosos, medo da morte nem imploram clemência; na medida em que não os angustia o remorso de qualquer ato vergonhoso, consideram que é honesto, e não um suplício, morrer por uma causa justa e glorioso, dar a vida pela liberdade" (Spinoza – *Tratado teológico-político*). Spinoza sabe bem do que está falando. Ele mesmo, como veremos mais tarde, foi vítima dessa espécie de homens perigosos.

Sócrates só queria investigar se o saber da cidade, aquele a partir do qual a *Pólis* se encontrava organizada, era, de fato, um falso ou um verdadeiro saber? Uma cidade esclarecida requer homens esclarecidos para governá-la. Quem não sabe, de verdade, o que diz saber não se encontra preparado para administrar a cidade, não pode servir bem à cidade. Como alguém que não sabe o que é a justiça, pode administrá-la? Como alguém que não sabe o que é a coragem, pode ser um bom soldado para a cidade? Como alguém que não conhece o que é o Bem, não sabe a quem ele deve servir, pode governar bem a cidade? Como alguém que não conhece o que é a virtude pode tornar uma cidade virtuosa? "Eram estas as suas palavras sobre aqueles que se ocupavam deste tipo de assuntos... examinando *o que é pio e o que é ímpio, o que é belo e o que é feio, o que é justo e o que é injusto, o que é sensatez e o que é loucura, o que é coragem e o que é cobardia, o que é a cidade e o que é participar da gestão da cidade, o que é governo e o que é ser governante*, e outros assuntos do género que – pensava ele – tornavam homens de bem aqueles que os conheciam e justificava que fossem chamados escravos os que os desconheciam" (Xenofonte – *Memoráveis*). O não saber, a ignorância, condena a cidade às trevas, a um relativismo ético, que só serve àqueles que usam a cidade em seus próprios benefícios, em seus interesses particulares. É contra essa cidade que Sócrates se rebela. A cidade deseja se livrar de Sócrates. Sua filosofia tornou-se perigosa. Segundo Merleau-Ponty, os juízes não foram capazes de entender o projeto de Sócrates. Também eles queriam o bem da cidade. Se ambos querem o bem da cidade, onde está o crime do filósofo? Apesar de estarem falando de uma mesma cidade, os caminhos para salvá-la eram distintos. "Ele (Sócrates) e os juízes não estavam no mesmo plano. Se se tivesse explicado melhor, teriam compreendido que não procurava novos deuses nem desprezava os de *Atenas*: limitava-se a dar-lhe sentido, a interpretá-los. [...] O que esperam dele é o que ele lhes não pode dar: a concordância sem considerações. Ele, pelo contrário, comparece perante os juízes para explicar o que é a cidade. Como se eles não o soubessem, como se eles não fossem a cidade. Não defende a sua causa, mas a de uma cidade que aceitasse a filosofia. Inverte os papéis e diz: não me defendo a mim, mas a vós. No fim de contas, a cidade é ele, e os outros é que são os inimigos das leis, os outros é que são julgados e ele é que é o juiz" (*Elogio da filosofia*). As leis que Sócrates, como um bom moralista, sempre respeitou foram transgredidas pela cidade que ele tanto amou. Se, naquele tribunal, um crime está sendo julgado, Sócrates não é o seu autor. "Senhor de tal caráter, minha convicção é que Sócrates merecia de nossa cidade não a morte, porém honras. Julguei o fato à luz das leis e haveis de concordar comigo. Possível da pena de morte, segundo as leis, é quem for surpreendido roubando, furtando roupas, cortando bolsas, arrombando paredes, vendendo seus semelhantes, pilhando templos: todos crimes de que mais que ninguém se absteve Sócrates. Excitou sedições ou ocasionou derrotas? Maculou-se em alguma traição ou outro crime qualquer? Esbulhou alguém de seus haveres? Lançou alguém na desgraça? Não, jamais foi acusado de nenhum desses crimes. Como, então, poderia ser submetido a julgamento, ele que, longe de pretender a existência dos deuses, como o incrimina o auto de acusação, mas que ninguém foi respeitoso da divindade. Longe de corromper os jovens, como lhe censura a acusação, extirpava aos olhos de todos as paixões de seus discípulos e trabalhava para inspirar-lhes o amor à virtude, essa deidade tão bela e tão sublime que fez florescerem as cidades e os lares. Assim procedendo, como não mereceu as maiores honras de sua pátria?" (Xenofonte – *Memoráveis*).

Querefonte narra para Sócrates que, estando em *Delfos*, teria ido ao templo de *Apolo* e consultado a sacerdotisa *Pítia* – a quem cabia a responsabilidade de traduzir para os homens os desígnios dos deuses –, "se havia alguém mais sábio que Sócrates?". Ao que ela lhe teria respondido: "que não havia ninguém mais sábio". Não se reconhecendo como um sábio, Sócrates passa a pôr em dúvida à assertiva dos deuses. O que não faltava em *Atenas* eram homens que se reconheciam, e eram reconhecidos, como sábios. Será que os deuses erraram? Mas os deuses não erram. Eles conhecem a verdade. Em busca da verdade, Sócrates passa a investigar os homens que são reconhecidos como sábios pela cidade. "Fui ter com um dos que passam por sábios, porquanto, se havia lugar, era ali que, para rebater o oráculo, mostraria ao deus: 'Eis aqui um mais sábio que eu, quando tu disseste que eu o era!'" (Platão – *Defesa de Sócrates*). Ao final de cada investigação, Sócrates chega a seguinte constatação: "Ao retirar-me, ia concluindo de mim para comigo: 'Mais sábio do que esse homem eu sou; é bem provável que nenhum de nós saiba nada de bom, mas ele supõe saber alguma coisa e não sabe, enquanto eu, se não sei, tampouco suponho saber. Parece que sou um nadinha mais sábio que ele exatamente em não supor que sabia o que não sei'" (Platão – *Defesa de Sócrates*). As insistentes interrogações de Sócrates acabam por criar inimigos por todos os lados? Os chamados sábios morrem de medo de ter o seu suposto saber posto sob suspeita por aquele chato perguntador. É preciso evitar esse risco. É preciso eliminar o perguntador. "Dessa investigação é que procedem, Atenienses, [...] tantas inimizades, tão acirradas e maléficas, que deram nascimento a tantas calúnias... não é de hoje que eles têm enchido vossos ouvidos de calúnias assanhadas. Daí a razão de me atacarem Maleto, Ânito e Licão – tomando Maleto as dores dos poetas; Ânito, as dos artesões e políticos; e Licão, as dos oradores. Dessarte [...] eu ficaria surpreso se lograsse, em tão curto prazo, delir em vós os efeitos dessa calúnia assim avolumada. Aí tendes, ateniense a verdade..." (Platão – *Defesa de Sócrates*). "O que acontece é que na época em que os trinta condenavam à morte muitos dos homens da cidade, e não os menos importantes, e encorajavam muitos outros a agir de modo injusto, Sócrates observou que lhe pareceria extraordinário que, se um boieiro deixasse enfraquecer e definhar os seus bois, pudesse não concordar que era um mau boieiro. Ora continuava, mais extraordinário ainda lhe pareceria que, se um estadista deixasse enfraquecer e definhar os seus concidadãos, não se envergonhasse nem se julgasse um mau estadista. Tendo-lhes chegado este aviso, Crítias e Cáricles intimaram Sócrates, mostrando-lhe a lei e proibiram-no de dialogar com os mais novos" (Xenofonte – *Memoráveis*). *Atenas* tornou-se surda, já não ouve as palavras de Sócrates. Ninguém está interessado em conhecer a sua verdade, melhor dizendo, a investigar o que ele quer dizer, já que o próprio peripatético anuncia, por todos os cantos da cidade, que o seu único saber "é saber que nada sabe". Estranho, como um "não saber" pode se tornar tão perigoso. O que teme os governantes de *Atenas*? Sócrates é mesmo uma ameaça para a cidade? Parece que sim. Eis o veredito: para o "bem" da cidade, é preciso silenciar Sócrates. "Pode alguém perguntar: 'Mas não serás capaz, ó Sócrates, de nos deixar e viver calado e quieto? De nada eu convenceria alguns dentre vós mais dificilmente do que isso. Se vos disser que assim desobedeceria ao deus e, por isso, impossível é a vida quieta, não me dareis fé, pensando que é ironia; doutro lado, se vos disser que para o homem nenhum bem supera o discorrer cada dia sobre a virtude e outros temas de que me ouviste praticar quando examinava a mim mesmo e a outros, *e que vida sem exame não é vida digna de um ser humano*, acreditareis ainda menos em minhas palavras. Digo a pura verdade, senhores, mas convencer-vos dela não é fácil" (Platão – *Defesa de Sócrates*). Quando Platão se rebela contra a democracia, é porque, segundo ele, ela não foi capaz de reconhecer o saber como único meio a partir do qual a cidade pode ser salva, o único meio capaz de levar a cidade a conhecer o seu bem maior: a felicidade. A cidade encontra-se corrompida, já não serve ao cidadão, perdeu a direção do bem comum. "A corrupção dos artigos das leis e dos costumes alastrava tão espantosamente, que eu, que de início, estava pleno de ímpeto para realizar o bem comum, olhando para eles e vendo-os sendo completamente levados de qualquer modo, acabei em vertigem" (Platão – *Carta VII*). A morte de Sócrates, definitivamente, indica a Platão que aquela cidade entrou em metástase, todos os seus órgãos encontram-se comprometidos, o tecido social da *Pólis* entrou em decomposição. *Atenas* tornou-se um paciente terminal. A democracia não salvará a democracia. *Atenas* matou um homem justo. Platão não a perdoará por isso. Afasta-se daquele mundo, vai em busca da verdade em um outro mundo: *o mundo das ideias*. "[...] um amigo meu, mais velho, Sócrates, que eu certamente não me envergonho de dizer ser então o mais justo de todos, mandaram-no com outros contra um dos cidadãos, conduzindo-o à força para a morte, a fim de que fosse cúmplice dos negócios deles querendo ou não. Mas ele não se deixou persuadir e arriscou-se a suportar tudo, em vez de se tornar cúmplice deles em atos ímpios. – Considerando então todas essas coisas e ainda outras tais não pequenas, desgostei-me e afastei-me dos males de então". Já que o homem justo não aceitou ser cúmplice de uma cidade que se desviou do reto caminho da verdade e do bem comum, deve ser sacrificado, deve morrer. "Mas calhou que alguns que detinham o poder levassem ao tribunal esse nosso companheiro, Sócrates, lançando a mais injusta acusação, que se aplicava menos do que tudo a ele. Pois, uns acusaram-no como ímpio, outros condenaram e mataram este que não quis participar de uma ímpia condução ao tribunal de um dos amigos dele, então exilado, quando, exilados eles próprios, tinham caído em desgraça" (Platão – *Carta VII*). Ao final de seu julgamento, quando lhe é imposta a pena capital, segundo o olhar de Xenofonte, Sócrates encontra-se tranquilo, sem tristeza em seu semblante, aceitou a sua condenação com alegria. "Ao elogiar-se a si próprio diante do tribunal, Sócrates despertou a inveja dos juízes e tornou-os ainda mais veementes na sua condenação. A mim, contudo, parece-me que completou um destino grato aos deuses, pois evitou a parte mais penosa da vida e encontrou a mais fácil das mortes. Deu assim provas da força do seu espírito, pois, tendo percebido que para ele era preferível morrer a continuar a viver, tal como nunca rejeitara outros bens da vida, também não se mostrou cobarde diante da morte e aceitou-a e recebeu-a com alegria" (*Memoráveis*). Finalizando a sua defesa, depois de o veredito ter sido anunciado, Sócrates dirige essas palavras aos seus algozes: "Bem, é chegada a hora de partirmos, eu para a morte, vós para a vida. Quem segue melhor rumo, se eu, se vós, é segredo para todos, menos para a divindade" (Platão – *Defesa de Sócrates*).

Quando tudo parece perdido, sem direção, quando a crise se instala na alma da cidade, é chegada a hora de se recorrer à razão em busca de uma nova direção. Só a razão salva a cidade. "A filosofia começa pela ruína de um mundo real" (Hegel – *Lições sobre a história da filosofia*). Continua Hegel: "A filosofia indica [...] o momento em que ocorreu a divisão da vida, separação entre a realidade imediata e o pensamento, a reflexão a esse respeito. É a época do começo da ruína, da corrupção dos povos, quando o espírito se refugia no domínio do pensamento, e a filosofia se desenvolve" (*Lições sobre a história da filosofia*). É preciso trazer a filosofia para governar a cidade. Em substituição à Democracia decadente, Platão apresentará a sua República, indicando o Filósofo-Rei como o seu o governante: "Se os filósofos não forem reis nas cidades ou se os que hoje são chamados reis e soberanos não forem filósofos genuínos e capazes e se, numa mesma pessoa, não coincidirem poder político e filosofia e não for barrada agora, sob coerção, a caminhada das diversas naturezas que, em separado, buscam uma dessas duas metas, não é possível [...] que haja para as cidades uma trégua de males e, penso, nem para o gênero humano. Nem, antes disso, na medida do que é possível, jamais nascerá e verá a luz do sol essa constituição de que falamos" (Platão – *A república*). Segundo Shelley, Platão foi o primeiro, talvez o último, a sustentar que o Estado deve ser governado não pelos mais ricos, os mais ambiciosos ou os mais astutos, mas pelos mais sábios" (*In*: E. Barker – *Teoria política grega*). O projeto político de Platão, para sua tristeza, nunca foi colocado em prática, sua cidade ideal jamais viu o mundo real. Entretanto, uma coisa não se pode negar, a história tornou-se herdeira de grande parte de suas ideias sobre como a política deve ser pensada, mais que isso, tornou-se herdeira da ideia matriz, do modelo que indica que só a razão pode encontrar os caminhos certos e seguros para conduzir os destinos da cidade, só ela é capaz de resgatar o homem das trevas, da ignorância, da superstição, no limite: da servidão.

Se *Atenas* sacrificou Sócrates, *Roma*, em nome de verdades de um tirano, de outro mundo, cultuada e sacralizada por homens deste mundo, irá sacrificar um dos seus ilustres filhos: em 17 de fevereiro de 1600, o Papa Clemente VIII, mandou queimar na fogueira o teólogo, filósofo, astrólogo, matemático, ocultista hermético, frade dominicano, um livre pensador: Giordano Bruno. Resistindo a todas as pressões e torturas, inclusive o risco de perder a própria vida, manteve-se firme, não renunciou às suas convicções filosóficas. Não se dobrando a prepotência dos tribunais, dizendo não aos tiranos do pensamento, foi condenado à morte. Eis as últimas palavras de Giordano, aos seus algozes: "Vocês estão com mais medo da sentença que proferiram, do que eu, que por ela serei supliciado". Qual o grande pecado de Giordano? Ter pensado diferente. Ter se tornado, por meio do seu pensamento, visível ao mundo. No limite, aqui, mais uma vez, o pensamento incomoda, torna-se perigoso para aqueles que têm medo da mudança. Quem não pensa, não incomoda, não coloca em risco o mundo no qual vive e, mais que isso, não se coloca em risco... "Se eu manejasse um arado, pastoreasse um rebanho, cultivasse uma horta, remendasse uma veste, ninguém me daria atenção, poucos me observariam, raras pessoas me censurariam e eu poderia facilmente agradar a todos. Mas, por ser eu delineador do campo da natureza, por estar preocupado com o alimento da alma, interessado pela cultura do espírito e dedicado à atividade do intelecto, eis que os visados me ameaçam, os observados me assaltam, os atingidos me mordem, os desmascarados me devoram. E não é só um, não são poucos, são muitos, são quase todos" (Giordano Bruno – *Acerca do infinito, do universo e dos mundos*).

Em 1616, será a vez de Copérnico. Sua obra foi posta no *Índex*, seu livro *De revolutionibus orbium coelestium*, foi colocada fora do alcance do olhar humano: "'Assim, pelo presente decreto, condena-os e proíbe-os inteiramente, quer já impressos, quer a serem-no em qualquer lugar e não importa em qual idioma'. A Sagrada Congregação, depois de listar uma série de livros que estão proibidos pelo presente Decreto, diz, sobre Copérnico e sua teoria: 'Chegou também ao conhecimento da supracitada Sagrada Congregação que a falsa doutrina pitagórica da mobilidade da Terra e imobilidade do Sol, totalmente contrária à Divina Escritura, que *As revoluções dos orbes celestes*, de Nicolau Copérnico e o *Comentário sobre Jó*, de Diego de Zúñiga ensinam, já se propaga e é aceito por muitos. Isto pode ser verificado por uma carta impressa por um certo padre carmelita cujo título é Carta do Reverendo Padre Mestre Paolo Antônio Foscarini Carmelita, sobre a opinião dos Pitagóricos e de Copérnico a respeito da mobilidade da Terra e estabilidade do Sol e o novo sistema Pitagórico do mundo, Nápoles, Lázzaro Scoriggio, 1615, na qual o referido padre se esforça por mostrar que a mencionada doutrina sobre a imobilidade do Sol no centro do mundo e a mobilidade da

Terra concorda com a verdade e não se opõe à Sagrada Escritura. Assim, para que esta opinião não medre mais, destruindo a verdade católica, declaro que *As revoluções dos orbes*, de Nicolau Copérnico, e o *Comentário sobre Jó*, de Diego de Zúñiga, devem ser suspensos até que sejam corrigidos [...]; que todos os demais que ensinam o mesmo devem ser igualmente proibidos. De conformidade com o que, pelo presente Decreto, proíbe, condena e suspende a todos respectivamente. Em fé do que o presente Decreto foi assinado pessoalmente pelo Ilustríssimo e Reverendíssimo Rr. Cardeal de Santa Cecília, Bispo de Alba, e munido de seu selo no dia 5 de março de 1616'". "Decreto da Sagrada Congregação dos ilustríssimos Cardeais da Santa Igreja Romana, especialmente delegada pelo Santíssimo Senhor Nosso Papa Paulo V e pela Santa Sé Apostólica para o Índice dos livros e para a permissão, proibição, correção e impressão dos mesmos em toda a República Cristã". Esse é um período de transição, as luzes do velho mundo estão se apagando, a aurora de um novo tempo já começa a raiar no horizonte. Os senhores das trevas, não economizam esforços para impedir a chegada do Sol, iluminando os novos caminhos da humanidade. No dia 22 de junho de 1633, a Congregação do Santo Ofício (atualmente Congregação para a Doutrina da Fé) condena Galileu e a sua doutrina sobre o heliocentrismo, proíbe o *Diálogo*, impondo ao seu autor a prisão domiciliar e a obrigação de recitar semanalmente os setes salmos penitenciais, durante três anos. Segundo os teólogos do Santo Ofício, o heliocentrismo de Galileu, além de contrariar as verdades reveladas nas *Sagradas Escrituras*, não estava suficientemente estabelecido. Portanto a nova doutrina constitui-se em grande perigo para a fé e deve ser condenada, não sendo permitido defender ou assumir tais teses como verdadeiras. Segundo a Igreja, a condenação de Galileu deve servir não só para que no futuro o próprio Galileu seja mais cauteloso e reservado na produção de suas ideias, mas também de exemplo para que outros não tomem os mesmos caminhos que ele tomou. Determina a *Sagrada Congregação do Santo Ofício*, na sentença imposta a Galileu, ao qualificar teologicamente as proposições relativas ao heliocentrismo: "Dizemos, pronunciamos, sentenciamos e declaramos que tu, Galileu, pelos motivos deduzidos do processo e por ti confessados, tu te tornaste veementemente suspeito de heresias diante do santo Ofício, por ter mantido e adotado a doutrina falsa e contrária às Escrituras santas e divinas, que o Sol está no centro do mundo e é imóvel, ao passo que a Terra não está no centro do mundo e se move, opinião que não se pode nem sustentar nem defender, posto ter sido provável, posto ter sido declarada e definida como contrária à Santa Escritura. Em consequência, tudo incorreste em todas as censuras e penas impostas e promulgadas pelos Sagrados Cânones e as outras instituições gerais e particulares contra tais delinquentes. E a fim de que esse grave e pernicioso erro e transgressão não permaneça totalmente impune, de que tu sejas mais prudente no futuro e sirvas de exemplo a outros para que se abstenham de semelhantes delitos, nós ordenamos que, por um édito público, seja proibido o livro do Diálogo de Galileu Galilei. Nós te condenamos à prisão formal deste Santo Ofício [...] e por penitências salutares, nós te impomos recitar durante três anos, uma vez por semana, os sete Salmos da penitência: reservamo-nos a faculdade de moderar, de mudar ou suspender, no todo ou em parte, as referidas penas e penitências. Assim, dizemos, pronunciamos o veredicto e declaramos, ordenamos e reservamos deste ou de qualquer outra melhor maneira ou forma o que podemos razoavelmente poder ou saber. Assim decidiram os cardeais abaixo-assinados. F. d'Ascoli, G. Bentivoglio, D. de Cremona, A. de S. Onofrio, B. Gessi, F. Verospio, M. Ginetti". O mundo de Galileu é outro, não é mais aquele que se revela a partir dos *Livros Sagrados*, ao qual o homem adere por um ato de Fé. Não é pela bitola da Fé que o mundo deve ser compreendido, traduzido e esquadrinhado. No limite da ordem natural, a autoridade é a razão, não as Escrituras. Em carta ao padre Benedetto Castelli, Galileu declara: "[...] sendo a natureza inexorável e imutável e não importando que suas recônditas razões estejam ou não expostas à capacidade dos homens, motivo pelo qual ela jamais transgrida os termos das leis que lhe são impostas; parece que aquela parte dos efeitos naturais, que ou a experiência sensível nos põe diante dos olhos ou as demonstrações necessárias concluem, não deve de modo algum ser colocado em dúvida por passagens da Escritura que possuíssem nas palavras aspectos diferente, pois nem todo dito da Escritura está ligada a obrigações tão severas como cada efeito da natureza". Este mundo encantado, regido por uma física qualitativa, cheio da presença de deus que, em cada uma das suas representações, anuncia a grandeza e a beleza de seu criador, nada diz para o pensador florentino. Seu olhar está voltado para um outro mundo, um mundo infinito, um mundo sem alma, sem qualidades, sem finalidades, pura matéria e extensão, subordinado unicamente aos fundamentos de uma física quantitativa. O acesso a ele só é possível pelo reto uso da razão. Só a razão é capaz de oferecer as técnicas por meio das quais o mundo se deixa revelar, abre as suas entranhas e se deixa traduzir. Quem quiser se tornar senhor deste novo mundo terá que dominar a linguagem com a qual ele encontra-se escrito. "A filosofia encontra-se escrita neste grande livro que continuamente se abre perante nossos olhos (isto é, o universo), que não se pode compreender antes de entender a língua e conhecer os caracteres com os quais está escrito. Ele está escrito em língua matemática, os caracteres são triângulos, circunferências e outras figuras geométricas, sem cujos meios é impossível entender humanamente as palavras; sem eles, vagamos perdidos dentro de um obscuro labirinto" (Galileu – *O ensaiador*). Diante do tribunal da Inquisição, Galileu tinha duas opções: permanecer firme, confirmando os fundamentos e a verdade da nova configuração do universo que a sua física anunciava ao mundo, ou, diante do risco de ter o mesmo fim de G. Bruno, renunciar às verdades de sua ciência e, com isso, obter o beneplácito das autoridades da Igreja, aplicando-lhe uma pena mais branda: permanecer em prisão domiciliar até o fim dos seus dias. Galileu abjurou às suas verdades. Entre a vida e a morte, optou pela vida: "Eu, Galileu, filho do falecido Vincenzo Galilei, florentino, de setenta anos de idade, intimado pessoalmente à presença deste tribunal e ajoelhado diante de vós, Eminentíssimos e Reverendíssimos Senhores Cardeais Inquisidores-Gerais contra a gravidade herética em toda a comunidade cristã, tendo diante dos olhos e tocando com as mãos os Santos Evangelhos, juro que sempre acreditei que acredito, e, mercê de Deus, acreditarei no futuro, em tudo quanto é defendido, pregado e ensinado pela Santa Igreja Católica e Apostólica. Mas, considerando que [...] escrevi e imprimi um livro no qual discuto a nova doutrina (o heliocentrismo) já condenada e aduzo argumentos de grande força em seu favor, sem apresentar nenhuma solução para eles, fui pelo Santo Ofício acusado de veementemente suspeito de heresia, isto é, de haver sustentado e acreditado que o Sol está no centro do mundo e imóvel, e que a Terra não está no centro, mas se move; desejando eliminar do espírito de Vossas Eminências e de todos os cristãos fiéis essa veemente suspeita concebida mui justamente contra mim, com sinceridade e fé verdadeira, **abjuro**, amaldiçoo e detesto os citados erros e heresias, e em geral qualquer outro erro, heresia e seita contrários à Santa Igreja, e juro que no futuro nunca mais direi nem afirmarei, verbalmente, nem por escrito, nada que proporcione motivo para tal suspeita a meu respeito". Não se deve condenar Galileu por ter feito essa escolha, por ter renunciado às verdades conquistadas por sua ciência. Ele sabia muito bem que estava lidando com homens fanáticos, seres, ensandecidas pelo poder da fé, que não mediriam esforços para silenciá-lo para sempre. Quando se trata dos teólogos, Erasmo de Roterdã, em seu livro *Elogio da loucura*, recomenda que se deva tomar muito cuidado, se possível, evitar ter com eles qualquer enfrentamento, são pessoas muito perigosas: "Talvez fosse melhor não falar dos teólogos, tão delicada é essa matéria e tão grande é o perigo de tocar em semelhante corda. Esses intérpretes das coisas divinas estão sempre prontos a acender-se como pólvora, tem um olhar terrivelmente severo e, numa palavra, são inimigos muito perigosos. Se acaso incorreis na sua indignação, lançam-se contra vós como ursos furibundos, mordem-vos e não vos largam senão depois de vos terem obrigados a fazer a vossa palinódia com uma série infinita de conclusões; mas, se recusais retratar-vos, condenam-vos logo como hereges. E, mostrando essa cólera, chamando de herege, de ateu, conseguem fazer tremer os que não concordam com eles".

Sem nenhuma importância para a ciência, servindo só como um dado para constar nos anais da história, em 1992, 350 anos depois – um pouco tarde demais –, o Papa João Paulo II, num discurso proferido na *Pontifícia Academia de Ciência*, reconhece o erro que a Igreja cometeu contra Galileu: "Outra lição a ser aprendida é o fato de que as diferentes disciplinas do conhecimento exigem uma diversidade de métodos. Galileu, que praticamente inventou o método experimental, havia entendido, graças à sua intuição de físico brilhante e confiando em vários argumentos, por que apenas o sol poderia ter a função de centro do mundo, como era então conhecido, que é um sistema planetário. O erro dos teólogos da época, ao apoiar a centralidade da terra, foi pensar que nosso conhecimento da estrutura do mundo físico foi, de certa maneira, imposto pelo sentido literal das Sagradas Escrituras. Mas é necessário lembrar a famosa frase atribuída a Baronio: 'Spiritui Sancto mentem fuisse nos docere quo modo ad coelum eatur, não quomodo coelum gradiatur'. Na realidade, as Escrituras não tratam dos detalhes do mundo físico, cujo conhecimento é confiado à experiência e raciocínio humanos. Existem dois campos de conhecimento, um que tem sua fonte em Apocalipse e outro que a razão pode descobrir por sua própria força. O último inclui as ciências experimentais e a filosofia. A distinção entre os dois campos do conhecimento não deve ser entendida como uma oposição. Os dois setores não são completamente estranhos um ao outro, mas têm pontos de encontro. As metodologias específicas de cada uma permitem destacar diferentes aspectos da realidade".

Tomando conhecimento, ao fim de novembro de 1633, de que as teses da nova ciência que Galileu estava apresentando ao mundo foram identificadas como heresias, que suas obras foram queimadas em praça pública, sendo o seu autor julgado e condenado pelo tribunal da santa inquisição, Descartes, que sempre foi um homem cauteloso: "bene vixit qui bene latuit" – bem viveu quem bem se ocultou –, não desejava "navegar contra o vento", evitava a ribalta, escondia-se por trás das máscaras para dificultar ser alcançado: "Como os comediantes, chamados ao palco, tem pudor em revelar seus rostos e usam máscaras, assim eu, no momento de subir ao palco deste mundo, onde até então fui espectador, subo mascarado" (Descartes – *Cogitationes privatae*), renuncia à publicação de seu livro: *Le monde*, no qual já se encontravam incorporadas, tomadas como absolutamente verdadeiras, as principais teses do heliocentrismo e do mecanicismo. Descartes se mantém em silêncio, não divulga para o mundo as novas conquistas científicas, a partir das quais fundamenta e justifica a nova ordem do universo. É preciso prudência, pensar, sem colocar a vida em risco. Faz um verdadeiro malabarismo, inclusive na exposição de seu pensamento, para evitar ser alcançado pelos censores do mundo. Usando a técnica dos pintores, mestres em jogar com o recurso da sombra e da luz na arte de seu ofício, o filósofo, se mostra, escondendo-se ao mesmo tempo. Deixa-se ver, mais não por inteiro. "[...] tal como os pintores que, não podendo representar igualmente bem num quadro plano todas as diversas faces de um corpo, escolhem uma das principais, que colocam à luz, e, sombreando as outras, só as fazem aparecer tanto quanto se possa vê-las ao alhar aquela; assim, temendo não poder por em meus discursos tudo o que tinha no pensamento, tentei apenas expor bem amplamente o que concebia..." (Descartes – *Discurso do método*). Respondendo a uma carta, enviada pelo padre Mersenne, em 11 de novembro de 1633, na qual lhe cobrava o envio de seu tratado que lhe fora prometido, Descartes, de forma bastante clara, indica qual o motivo que o fizera não cumprir o prometido, diz mais: aventa a hipóteses de queimar seus próprios livros, para evitar que as perseguições que alcançaram Galileu possam alcançá-lo: "[...] Achava-me eu neste encargo quando recebi vossa última carta do dia onze deste mês, e queria fazer como os meus pagadores que soem pedir aos seus credores que lhe concedam um pouco de prazo tão logo sentem se aproximar o vencimento da dívida. De fato eu me propusera vos enviar o meu *Mundo* como brinde para essas festas; e, não há ainda quinze dias, eu estava resolvido deveras a vos remeter ao menos uma parte se a obra toda não pudesse ser transcrita nesse tempo. Dir-vos-ei, porém, que tendo mandado me informar, estes dias em Leyde e em Amsterdão, se aí se acharia *O sistema do Mundo* de Galileu por me parecer constar que ele fora impresso na Itália no ano passado, me responderam que era verdade que tinha sido impresso, mas que todos os exemplares haviam sido queimados em Roma ao mesmo tempo. Ora, isso me surpreendeu tanto que resolvi quase queimar todos os meus papéis ou, pelo menos, não os mostrar a ninguém. Pois, não posso imaginar que ele, que é italiano e mesmo bem querido do Papa, segundo me consta, tenha sido considerado criminoso apenas pelo fato de ter desejado estabelecer o movimento da Terra, o qual sei bem haver sido outrora censurado por alguns cardeais. Mas eu cuidava ter ouvido dizer, mais tarde, que isso não deixava de ser ensinado publicamente, até mesmo em Roma; e confesso que se isso é falso, todos os fundamentos da minha filosofia também o são pois se demonstram por eles, evidentemente. E se acha de tal forma ligado com todas as partes do meu *Tratado*, que eu não poderia destacá-lo sem tornar defeituoso todo o resto [...]" (Descartes – *Correspondência*). Assim como Galileu, Descartes volta-se para o mundo, não reconhece nenhum valor na filosofia especulativa que o antecedeu, buscava um saber prático, "útil à vida", capaz de transformar o homem em senhor e possuidor da natureza. "[...] me fizeram ver que é possível chegar a conhecimentos que sejam muito úteis à vida, e que, em vez dessa filosofia especulativa que se ensina nas escolas, se pode encontrar uma outra prática, pela qual, conhecendo a fôrça e as ações do fogo, da água, do ar, dos astros, dos céus e de todos os outros corpos que nos cercam, tão distintamente como conhecemos os diversos misteres de nossos artífices, poderíamos empregá-los da mesma maneira em todos os usos para os quais são próprios, e assim nos tornar como que senhores e possuidores da natureza" (Descartes – *Discurso do método*).

Em seguida, será a vez de Spinoza, acusado de herege, ser excomungado e condenado a habitar a "nau dos insensatos". Tendo o cartesianismo como referência, Spinoza tomará a autoridade da razão como única referência para o advento da verdade no mundo. Quase um compatriota de Descartes – ambos viveram na mesma época na Holanda –, o apóstolo da razão, tinha 27 anos, quando, em 1650, Descartes morre. Testemunhou, em vida, os efeitos e a grande influência que a razão cartesiana exerceu sobre o seu tempo e sobre ele mesmo: um sincero admirador de Descartes. Em 1663, aos 31 anos de idade, 13 anos após a morte de Descartes, Spinoza publica a sua primeira obra: *Parte I e II dos Princípios da filosofia de René Descartes demonstrado à maneira geométrica...* Já no prefácio dessa obra, o futuro "polidor de lentes" demonstra o seu entusiasmo com a chegada desse luminoso astro da razão: "Surgiu finalmente o mais esplêndido astro de nosso século, René Descartes, o qual, após ter levado das trevas à luz pelo novo método tudo quanto na matemática fora inacessível aos antigos e quanto pudesse ser desejado por seus contemporâneos, erigiu os fundamentos inconcussos da filosofia, sobre os quais se podem construir com ordem e certeza matemática inúmeras verdades, como o próprio deveras demonstrou e como aparece mais claro que a luz meridiana a todos que com zelo aplicarem o ânimo a seus escritos, os quais serão bastante louvados". Em 27 de julho de 1656, a comunidade judaica, da sinagoga de Amsterdam, promulga o ato de excomunhão contra Spinoza. Com o "consentimento de Deus e seus Anjos", esses senhores, rabinos e devotos dos valores da religião, pronunciam as palavras mais perversas e cruéis, contra Spinoza: "Os Senhores do Mohamad [Conselho da Sinagoga] fazem saber a Vosmecês: como há dias que tendo notícia das más opiniões e obras de Baruch de Spinoza procuraram, por diferentes caminhos e promessas, retirá-lo de seus maus caminhos, e não podendo remediá-lo, antes pelo contrário, tendo cada dia maiores notícias das horrendas heresias que cometia e ensinava, e das monstruosas ações que praticava, tendo disto muitas testemunhas fidedignas que deporão e testemunharão tudo em presença do dito Spinoza, coisas de que ele ficou convencido, o qual tudo examinado em presença dos senhores Hahamim [conselheiros], deliberaram com seu parecer que o dito Spinoza seja heremizado [excluído] e afastado da nação de Israel como de fato o heremizaram com o Herem [anátema] seguinte: Com a sentença dos Anjos e dos Santos, com o consentimento do Deus Bendito e com o consentimento de toda esta Congregação, diante destes santos Livros, nós heremizamos, expulsamos, amaldiçoamos e esconjuramos Baruch de Spinoza [...] Maldito seja de dia e maldito seja de noite, maldito seja em seu deitar, maldito seja em seu levantar, maldito seja em seu sair, e maldito seja em seu entrar [...] E que Adonai [Soberano Senhor] apague o seu nome de sob os céus, e que Adonai o afaste, para sua desgraça, de todas as tribos de Israel, com todas as maldições do firmamento escritas no Livro desta Lei. E vós, os dedicados a Adonai, que Deus vos conserve todos vivos. Advertindo que ninguém lhe pode falar pela boca nem por escrito nem lhe conceder nenhum favor, nem debaixo do mesmo teto estar com ele, nem a uma distância de menos de quatro côvados, nem ler papel algum feito ou escrito por ele".

O que de tão terrível teria feito ou dito o Apóstolo da Razão, também identificado como o filósofo da liberdade, para merecer palavras tão violentas? Qual o seu pecado, a sua blasfêmia? Qual o seu crime? Espinosa é acusado de cometer a heresia do materialismo, do imoralismo e do ateísmo. Eis o materialismo de Spinoza: "O fato é que ninguém determinou, até agora, o que pode o corpo, isto é, a experiência a ninguém ensinou, até agora, o que é o corpo – exclusivamente pelas leis da natureza enquanto considerada apenas corporalmente, sem que seja determinado pela mente – pode e o que não pode fazer" (*Ética*). O imoralismo de Spinoza é ter libertado o homem da ignorância, levando-o ao plano da razão. Moral não é o que as leis sagradas, por meio das quais se julga, determina-se, culpa, acusa, salva e pune. Essa é a moral dos ignorantes. A Ética de Spinoza navega em outros mares, sua moral assenta-se sob as bases do método, suas leis são determinadas pela Geometria. Intenção anunciada, de forma direta, já no título de sua obra principal: *Ética – demostrada à maneira dos geômetras*. No *Prefácio, Terceira parte*, dessa obra, Spinoza declara: "Tratei [...] da natureza e da virtude dos afetos, bem como da potência da mente sobre eles, por meio do mesmo método pelo qual tratei [...] de Deus e da mente. E considerarei as ações e os apetites humanos exatamente como se fossem uma questão de linhas, de superfície ou de corpos". Sobre o seu ateísmo, o Deus de Spinoza não é mais um velho, cansado, que, instalado num outro mundo, diferente do mundo dos mortais, passa o seu tempo, em uma transcendentalidade vazia, julgando as ações dos homens; ao contrário, o seu Deus encontra-se no mundo, mais que isso, ele é o próprio mundo, é a natureza. Deus e natureza são uma e a mesma coisa. "Tenho uma concepção de Deus e da natureza totalmente diferente da que costumam ter os cristãos mais recentes, pois afirmo que Deus é a causa imanente, e não externa, de todas as coisas. Eu digo: Tudo está em Deus; tudo vive e se movimenta em Deus". No limite, os adoradores dos mundos quiméricos não suportavam o fato de Spinoza ter trazido Deus para a ordem da razão, colocando-o no limite do real onde habitam os homens. De fato, Espinosa cometeu a heresia da subversão. Libertou o homem das amarras das superstições, levando-o a voar, sustentando-se nos ventos da razão. O homem é chamado a se assumir, tornar-se, ele mesmo, o senhor de si. Livre é o homem que não se deixa habitar por nenhuma exterioridade, que, em si, sob a guarda da razão, no limite de sua natureza, é senhor de suas potências, não se alienando a nenhuma potência, fora de si, por meio da qual possa encontrar e justificar, a causa de sua alegria. "Diz-se livre a coisa que existe exclusivamente pela necessidade de sua natureza e que por si só é determinada a agir". (Spinoza – *Ética*). Em seu *Tratado político*, Spinoza volta a reafirmar a mesma tese: "... chamo livre a um homem na medida em que vive sob a conduta da Razão porque, nesta mesma medida, é determinado a agir por causas que podem ser adequadamente conhecidas unicamente através de sua natureza...". "... a liberdade só pertence àquele que, por seu inteiro consentimento, vive sob a direção exclusiva da razão (Spinoza – *Tratado teológico-político*). Alienar-se em outros mundos, habitando mundos quiméricos, deixando-se governar por eles, só indica o estado de ignorância, de demência servil, em que o homem se encontra. Dessa ignorância, nascem todos os preconceitos, ela é a causa originária de toda servidão. "Todos os preconceitos [...] dependem de um único, a saber, que os homens pressupõem, em geral, que todas as coisas naturais agem, tal como eles próprios, em função de um fim, chegando até mesmo a dar como assentado que o próprio Deus dirige todas as coisas tendo em vista algum fim preciso, pois dizem que Deus fez todas as coisas em função do homem, e fez o homem, por sua vez, para que este lhe prestasse culto" (Spinoza – *Ética*). Desse preconceito "originaram os preconceitos sobre o bem e o mal, o mérito e o pecado, o louvor e a desaprovação, a ordenação e a confusão, a beleza e a feiura, e outros do mesmo gênero" (Spinoza – *Ética*). Antecipando-se a Nietzsche, a filosofia de Spinoza já traz em seu corpo o espírito da *iconoclastia*, quebrando as falsas imagens, forjadas na oficina da ignorância e da superstição, e ensinando aos futuros mestres da suspeita "como filosofar com o martelo".

Toda a filosofia de Spinoza está voltada para o mundo real, é um enfrentamento do homem como o mundo, tal qual ele é, não tal qual ele gostaria que fosse. "Os filósofos concebem as emoções que se combatem entre si, em nós, como vícios em que os homens caem por erro próprio; é por isso que se habituaram a ridicularizá-los, deplorá-los, reprová-los ou, quando querem parecer mais morais, detestá-los. Julgam assim agir divinamente e elevar-se ao pedestal da sabedoria, prodigalizando toda espécie de louvores a uma natureza humana que em parte alguma existe, e atacando através dos seus discursos a que realmente existe. Concebem os homens, efetivamente, não tais como são, mas como eles próprios gostariam que fossem. Daí, por consequência, que quase todos, em vez de uma ética, hajam escrito uma sátira, e não tenham sobre política vistas que possam ser postas em prática, devendo a política, tal como a concebem, ser tomada por quimera, ou como respeitando ao domínio da utopia ou da idade de outro, isto é, a um tempo em que nenhuma instituição era necessária. Portanto, entre todas as ciências que têm uma aplicação, é a política o campo em que a teoria passa por diferir mais da prática, e não há homens que se pense menos próprios para governar o Estado do que os teóricos, quer dizer, os filósofos" (Spinoza – *Tratado político*). O realismo político de Spinoza encontra inspiração no pensador político que, por meio de seu pequeno livro, *O príncipe*, tendo a realidade dos fatos como o único guia orientador da razão, fundou o Estado Moderno: Maquiavel. Segundo o pensador florentino, a política é a arte de pensar o real. Eis o erro de todos que até aquele momento tinham refletido sobre a política: "[...] como minha intenção é escrever o que tenha utilidade para quem estiver interessado, pareceu-me mais apropriado abordar a verdade efetiva das coisas, e não a imaginação. Muitos já conceberam repúblicas e monarquias, jamais vistas, e que nunca existiram na realidade; de fato, a maneira como vivemos é tão diferente daquela como deveríamos viver que quem despreza o que se faz pelo que deveria ser feito aprenderá a provocar sua própria ruína, e não a defender-se" (*O príncipe*).

Não se deve esquecer que o próprio Maquiavel, chanceler do governo de Soderinie, quando os Médici reconquistam o poder em *Florença,* é preso, em seguida excluído da sociedade, exilado e condenado a viver à margem de seu tempo, impedido de voltar a exercer o poder político para o qual se achava o mais preparado entre todos os mortais. Reconhecia que veio ao mundo com uma missão: pensar o Estado: "O destino determinou que eu não saiba discutir sobre a seda, nem sobre a lã; tampouco sobre questões de lucro ou de perda. Minha missão é falar sobre o Estado. Será preciso submeter-me à promessa de emudecer, ou terei que falar sobre ele" (Maquiavel – *Carta a F. Vettiori*). Não será perdoado pelos senhores do poder e viverá o resto de seus dias, para o seu mais profundo desgosto, num pequeno sítio, administrando a mediocridade de uma vida comum, muito aquém do que se achava merecedor. Um homem que foi talhado pela vida para contemplar as estrelas encontra-se condenado a viver numa vida sem luz, tendo a pobreza como fiel companheira: "Eis aí, portanto, o que é a minha vida. Levanto-me com o sol e sigo para um dos bosques onde mandei cortar árvores. Lá me detenho duas horas, a inspecionar o trabalho da jornada, que transcorri matando o tempo com meus lenhadores. Estes têm sempre alguma uma disputa, entre si ou com os vizinhos. [...] Ao deixar meu bosque, vou para uma fonte, e de lá para o viveiro dos pássaros. Um livro sob os braços: Dante, Petrarca, um desses poetas menores – Tibulo, Ovídio ou outro. Mergulho nas leituras dos seus amores, que me fazem recordar os meus próprios. Vivo assim algum tempo com a imaginação. Chego por fim ao albergue, à beira da estrada. Converso com os que passam, peço notícias dos lugares de onde vêm. Não é difícil para mim perceber como são; observo a variedade dos gostos, a diversidade dos caprichos dos homens. Chego assim a hora de comer e, na companhia dos meus, alimento-me com o que me podem dar minha pobre terra e o magro patrimônio. Volto em seguida ao albergue, onde habitualmente se reúnem com o dono, um açougueiro, um moleiro, dois ferreiros. Com eles passo toda a tarde jogando obstinadamente gamão e cartas, o que provoca mil disputas e querelas sem fim, com muitas injúrias, quase sempre por causa de uns centavos, e, no entanto, nossa gritaria se pode ouvir até em San Casciano. Preciso mergulhar nessa sordidez para que meu cérebro não mofe. Assim me distraio da crueldade da sorte, quase satisfeito que ela me tenha lançado tão baixo, curioso de ver se isso não terminará por envergonhá-la. A noite cai, volto para casa. Antes de entrar no escritório troco a vestimenta de todos os dias, suja e enlamaçada, para vestir as roupas da corte real e pontifical. E vestido apropriadamente penetro no círculo dos homens da antiguidade. Recebido afavelmente, sirvo-me do alimento que por excelência me nutre e para o qual nasci. Não tenho vergonha de conversar com eles, de interrogá-los sobre as razões do seu comportamento. E com humildade me respondem. Passo então quatro horas sem qualquer sobra de tédio, sem temer a pobreza, esquecido dos meus tormentos. A própria morte não me assusta [...]" (Maquiavel – *Carta a F. Vettiori*). É preciso que alguém se compadeça e venha resgatá-lo da vida medíocre em que se encontra. Sem nenhum pudor, pede socorro ao Magnífico Lourezo de Medici, governante de *Florença*, ao lhe dedicar a sua pequena/grande obra, *O príncipe*: "Receba, pois, Vossa Magnificência este pequeno presente com o espírito com que eu o mando. É obra que, diligentemente considerada e lida, lhe dará a conhecer o meu desejo extremo: o de que Vossa Magnificência alcance a grandeza que o destino e as suas qualidades lhe prometem. *'E se Vossa Magnificência, do ápice, de sua altura, deitar alguma vez os olhos para estes lugares aqui embaixo, verá quão injustamente sofro uma grande e contínua malignidade da sorte'"* (Grifo nosso). Maquiavel precisa, deseja ardentemente, voltar ao mundo dos seus iguais, ao mundo onde pulsa a vida política. É nesse mundo que ele pretende colocar o seu projeto político em prática, mesmo que para isso tenha que tomar bastante cuidado. As condições políticas e históricas do seu tempo não são favoráveis às suas ideias. A sua amada *Itália* encontra-se dividida, tornou-se um território de muitos donos, de "todos e de ninguém". "O que é, com efeito, a Itália em 1469, no momento em que nasce o futuro autor de *O príncipe*? Um mosaico de Estados de dimensões territoriais, regimes políticos, estágios de desenvolvimento econômico, até culturas muito variáveis. Cinco grandes Estados 'regionais', opostos por conflitos frequentes, dominam a vida da península: o Reino de Nápoles, nas mãos dos aragoneses; os Estados Pontifícios; o Estado florentino, há decênios sob controle da família Medici; o Ducado de Milão, e a República de Veneza. Em torno desses cinco Estados gravitam alguns Estados menores, teoricamente independentes e soberanos, mas, de fato, obrigados, para neutralizar as ambições e sobreviver, a alinhar, de acordo com os seus interesses, sua política à de um ou outro de seus poderosos vizinhos" (Paul Larivaille – *A Itália no tempo de Maquiavel*). Era preciso salvar a *Itália* do caos político em que ela se encontrava: "... sem chefe, sem ordem, surrada, espoliada, lacerada, invadida..." (Maquiavel – *O príncipe*). Não desejando mais "desgraças" para a sua vida, já as tinha em abundância, Maquiavel mantém em segredo o seu projeto político para salvar a Itália. Entretanto, o segredo não fica de todo escondido. De forma discreta, no último capítulo (XXVI) de seu famoso livro de aconselhamentos políticos, *O príncipe*, o florentino revela que chegou o momento certo de a *Itália* encontrar um "redentor virtuoso", capaz de salvá-la, tornando-a uma nação livre e soberana. "Consideradas, pois, todas as coisas acima referidas, e pensando comigo mesmo se, na *Itália*, os tempos presentes poderiam prometer honras a um príncipe novo e se havia matéria que desse, a um que fosse prudente e valoroso, oportunidade de introduzir uma nova ordem que lhe trouxesse fama e prosperidade para o povo, pareceu-me que há tantas coisas favoráveis a um príncipe novo que não sei de época mais propícia para a realização daqueles propósitos. [...] Não se deve, portanto, deixar passar esta ocasião a fim de fazer com que a Itália, depois de tanto tempo, encontre um redentor" (Maquiavel – *O príncipe*). Maquiavel não foi ouvido. Em seu pequeno sítio, em *San Casciano*, nos arredores de *Florença*, em 21 de julho de 1527, por complicações gástricas, aos 58 anos, novo ainda, Maquiavel morre: triste, pobre e invisível ao mundo. Hoje, repousa na igreja de *Santa Croce*, em *Florença*, em um túmulo simples, onde se pode ler em sua lápide: *Tanto nomini, nullum par elogium*.

Pensadores do Renascimento, mantendo suas diferenças específicas, vão em uma mesma direção: conquistar o mundo, conquistar o homem, na mais absoluta autonomia da razão. Essa mudança de paradigma é que identificará a transição entre o mundo antigo e o mundo moderno. O velho mundo, todo ele construído a partir de especulações quiméricas, perde a sua força de representação sobre o homem e o seu mundo, já não orienta os caminhos da humanidade, perdeu a sua serventia. Os novos tempos anunciam a chegada de um novo mundo tendo a razão, na autoridade dos seus fundamentos, como a única bitola a validar e legitimar as verdades claras e distintas sobre todas as coisas. Diz Maquiavel: "Sei bem que muitos homens já tiveram ou ainda têm a opinião de que a vida é governada pela sorte e por Deus, de forma que os homens, com sua sabedoria, não podem modificar o andar das coisas sem ser ajudados por outros, e por isso eles nos fariam acreditar que não é necessário insistir muito nas coisas, mas deixar que a sorte os governe" (Maquiavel – *O príncipe*). É a *Virtù* que deve conduzir as ações dos homens. Só por sua ação, o homem evita tornar-se um mero fantoche das forças do acaso, da sorte ou da superstição. Tendo a *Virtù* sob os seus domínios, fazendo bom uso dela, o homem não se deixa vencer pelas armadilhas da ardilosa *Deusa Fortuna*, ao contrário, antecipando-se a ela, torna-se capaz de dominá-la e vencê-la. "Comparo a sorte a um desses rios impetuosos que, quando se irritam, alagam as planícies, arrasam as árvores e as cassas, arrastam terras de um lado para levar a outro: todos fogem deles, mas cedem ao seu ímpeto, sem poder detê-los em parte alguma. Mesmo assim, nada impede que, voltando a calma, os homens tomem providências, construam barreiras e diques, de modo que, quando a cheia se repetir, ou o rio flua por um canal, ou sua força se torne menos livre e danosa. O mesmo acontece com a *Fortuna*, que demonstra a sua força onde não encontra uma *Virtù* ordenada, pronta para resistir-lhe e volta o seu ímpeto para onde sabe que não foram erguidos diques ou barreiras para contê-las. Se considerares a Itália, que é sede e origem dessas alterações, verás que ela é um campo sem diques e sem qualquer defesa; caso ele fosse convenientemente ordenado pela *Virtù*, como a Alemanha, a Espanha e a França, ou esta cheia não teria causado as grandes mudanças que ocorrem, ou estas nem sequer teriam acontecido" (*O príncipe*).

A conquista de um mundo novo, do mundo moderno, implica uma nova forma de a razão olhar e interpretar o mundo. Em um mesmo tempo, mundo e razão vão se fazendo, vão se (re)fazendo, se construindo na história. A história torna-se, a história da razão se construindo. Um mundo está sendo (des)construindo, em seu lugar, uma nova razão começou a trabalhar na construção de um novo mundo. Esse novo mundo encontra-se subordinado à ordem de uma nova razão. Nasce uma nova razão. Nasce um novo mundo. É preciso filosofar como se estivesse filosofando pela primeira vez, como se, antes desse período, os que tentaram filosofar, tivessem fracassado, não filosofaram de verdade, não foram capazes de encontrar verdades, claras e distintas, com as quais o mundo pode ser decifrado, traduzido, convertido em benefício do homem. "[...] através de todos os tempos houve grandes homens que se esforçaram por [...] encontrar a sabedoria. [...] os que se chamam filósofos são exatamente os que trabalharam para isso. Todavia, não conheço quem haja, até agora, alcançado este objetivo. [...] gostaria de expor as razões que servem para provar que os verdadeiros princípios que permitem alcançar o mais alto grau da sabedoria, que consiste no soberano bem da vida, são aqueles que expus neste livro" (Descartes – *Princípios da filosofia* – *Carta prefácio*).

Durante um longo período da história, a razão esteve a serviço da religião, com uma função secundária, previamente demarcada em seu único objetivo: *defender e esclarecer os fundamentos da fé*. "A teologia se vê amplamente compensada pelos serviços prestados à filosofia. Antes de mais nada, a filosofia assegura os fundamentos dá fé e a defende contra toda sorte de ataques. Além disso, ela patenteia a racionalidade da fé e prova certos artigos de fé acessíveis a ela [...]" (T. de Aquino – *Summa contra Gentilles*). É preciso voltar aos gregos, (re)conquistar aquela razão natural, ainda não batizada pelo cristianismo, que se libertou dos deuses, desdivinizou-se, trouxe para si a tutela da verdade, assumiu uma natureza antropocêntrica e organizou pela primeira vez o cosmo humano. O nascimento da filosofia está diretamente relacionado com a distinção entre o aparecimento da verdade revelada pelos deuses, por meio dos seus oráculos, e aquela que tem no homem a sua causa originária. Se os gregos inventaram essa nova técnica a partir da qual o homem traduz e operacionaliza a ordem do universo, os renascentistas, por sua vez, resgataram essa técnica, imprimiram-lhe uma nova natureza e, de plena posse dessa nova máquina natural, forjaram a invenção do mundo moderno. Renascimento de um mundo esquecido e nascimento de um novo mundo. Descartes, logo no início do *Discurso do método*, fazendo o bom uso da ironia filosófica, demarca a direção que o seu bom senso – a razão – tomará em suas investigações. "Eu reverenciava a nossa Teologia e pretendia, como qualquer outro, ganhar o céu; mas, tendo aprendido, como coisa muito segura, que o seu caminho não está menos aberto aos mais ignorantes do que os mais doutos e que as verdades reveladas que para lá conduzem estão acima de nossa inteligência, não ousaria submetê-las à fraqueza de meus raciocínios, e pensava que, para empreender o seu exame e lograr êxito, era necessário ter alguma extraordinária assistência do céu e ser mais do que homem".

O Renascimento traz consigo dois fundamentos: primeiro, a reconquista de um mundo esquecido; segundo, a invenção de um novo cosmo. Mas também: "crítica, abalo e enfim dissolução e mesmo destruição e morte progressiva das antigas crenças, das antigas concepções, das antigas verdades tradicionais que davam ao homem a certeza do saber e a segurança da ação" (Alexandre Koyré – *Considerações sobre Descartes*). É um período de crise em todos os campos do saber. Nesse processo de reavaliação histórica, nada, absolutamente nada, encontra-se fora do alcance da suspeita dessa nova razão. "Tudo abalou, toda a unidade política, religiosa, espiritual da Europa; a certeza da ciência e a da fé; a autoridade da bíblia e a de Aristóteles; o prestígio da Igreja e o do Estado" (Koyré – *Considerações sobre Descartes*). Sem uma verdade para se fixar, o homem tornou-se um nômade, saltando entre as verdades salpicadas em seu caminho, navegando em um mar revolto, encontra-se à deriva, sem uma biruta que lhe indique a direção dos ventos, sem uma bússola a lhe indicar o Norte. Não há mais verdades, só dúvidas, suspeitas, silêncios. Montaigne, não acreditando mais nas verdades produzidas por tempos tão instáveis, onde tudo muda a todo instante, instala-se na verdade da fé, que Deus lhe revela, a partir de sua religião. Só na religião ele encontrou verdades estáveis, que não muda, não se altera, não se transforma, garantindo-lhe a estabilidade do espírito. "E uma vez que não sou capaz de escolher, aceito as escolhas feitas por outros e me mantenho na posição em que Deus me pôs. De outra maneira eu não conseguira evitar mudar o tempo todo, incessantemente. Assim eu tenho, pela graça de Deus, me mantido intacto, sem agitação nem distúrbio de consciência, nas antigas crenças de nossa religião, em meio a tantas seitas e divisões que nosso século tem produzido" (*Ensaios*). Diferente de Montaigne, desencantado com as incertezas de seu tempo, o historiador humanista, Matteo Palmieri, por sua vez, se encontra entusiasmado com a grande quantidade de talentos e dos novos conhecimentos daqueles dias: "Toda pessoa refletida deve agradecer a Deus pela graça de haver nascido nesta nova era, tão rica de esperança e de promessas, que vemos rejubilar-se numa tal quantidade de talentos nobres e elevados que já supera o que o mundo pode presenciar nos últimos mil anos" (*A vida cívica*).

Sócrates, Platão, Giordano Bruno, Copérnico, Maquiavel, Galileu, Descartes, Spinoza, só para citar os presentes neste texto, assumem a responsabilidade de libertar os homens das trevas das superstições e indicar a razão como o único caminho por meio do qual o homem pode tornar-se senhor dos novos saberes: a Ciência, a Filosofia, a Política... "Quanto mais nos esforçamos por viver sob a condução da razão, tanto mais nos esforçamos por depender menos da esperança e por nos livrar do medo; por dominar, o quanto pudermos, o acaso; e por dirigir nossas ações de acordo com o conselho seguro da razão" (Spinoza – *Ética*). O que contemplamos, no entardecer do século XVII, nos mais diversos territórios do conhecimento humano, é uma verdadeira revolução espiritual, que proclama o valor, a força, a autocracia da razão. "[...] sobre um ato livre do espírito que, de um só golpe, por uma decisão única da vontade, descarta todo o passado e tem de trilhar o novo caminho da reflexão consciente de si mesmo. De forma alguma se trata aqui de uma evolução paulatina, mas sim de uma genuína 'revolução da forma de pensar'" (Ernst Cassirer – *Indivíduo e cosmo na filosofia do renascimento*).

Quase que em um rito de purificação social, ao longo da história, abundam os exemplos de seres "chatos" e perigosos, que, por exercerem o livre pensamento, por não se contentarem com as respostas simples, fantasiosas, assentadas nas opiniões, distante de um saber crítico, produzido no território da *episteme*, foram sacrificados, colocados à margem da sociedade, nos mais diversos ritos de purificação: *Index Librorum Prohibitorum*, o enclausuramento, queima de livros, o exílio, a condenação eterna, por meio das excomunhões ou, no limite, a cicuta, a guilhotina, ou a fogueira santa. Sintomas de uma sociedade doente: começam queimando livros, acabam queimando homens.

Quem são os purificadores dos tempos? Quem empunha a tocha da verdade? Quem é o dono deste lugar? O dono deste canto, deste mundo? Quem é o dono dos nossos desejos, dos nossos sonhos? Quem é o dono do meu corpo? O cocheiro de nossas almas? Quem é o dono de mim? Procuro-me e não me acho. Vejo-me, mas não me reconheço. Não estou em mim. Perdi-me de mim. Há alguém fora de mim, que se apropriou de mim, tornei-me uma propriedade sua. Usa-me, como se usa uma coisa, uma mercadoria. Encontro-me ao seu dispor. A *Sereia* canta na margem oposta à qual me encontro. Levaram o meu barco. Não aprendi a nadar. Não posso gozar o gozo de seu canto, meus ouvidos foram tapados com cera, encontro-me condenado a não ouvir o seu canto. Quem colocou cera nos meus ouvidos? Quem as tirará? Quem há de nos salvar? Quem abrirá as nossas portas? Quem é o guardião das chaves? Quem nos indicará o caminho? Não saber a resposta para essas perguntas é correr o risco de se condenar a uma danação servil. Ninguém salvará o homem. Essa é uma tarefa de sua inteira responsabilidade. O poder do senhor encontra-se exatamente na força que ele tem em impedir que o outro possa ouvir o *Canto da Sereia*. A sua afirmação nasce, adquire corpo, força e alma, sob a negação do outro. Sendo o sujeito destituído do direito ao gozo, tornou-se aquele a quem caberá a responsabilidade de produzir o gozo do senhor. Para o tirano, "... não é suficiente que lhe obedeçam, precisam também lhe agradar. É preciso que se consumam, se atormentem, se matem de trabalhar por seus interesses. E, já que só sentem prazer com o que lhe dá prazer, precisam sacrificar seu gosto pelo dele, forçar o seu temperamento e renunciar até aos seus afetos naturais. Precisam estar sempre atentas as suas palavras, à sua voz, a seus olhares, a seus gestos: seus olhos, seus pés e suas mãos devem estar sempre ocupados em espreitar suas vontades e adivinhar os seus pensamentos" (Étienne de La Boétie – *Discurso da servidão...*). Como se chegou até aqui? Quais as condições históricas que levaram os iguais a se tornarem diferentes, levaram um homem a ser mais homem que outro homem? Como nasceu o senhor? Como nasceu o escravo?

Como nasce o estado de desigualdade entre os homens? Há uma predestinação natural para que tal fenômeno ocorra? A desigualdade é uma determinação natural, ou, ao contrário, este estado perverso, que estabelece a desigualdade entre os homens, fazendo de uns, ricos, de outros, pobres, de uns, cidadãos, de outros, marginais, seres que vivem à margem da sociedade, sem acesso às conquistas civilizatórias, de uns, tiranos, de outros, tiranizados, é resultado das configurações políticas estabelecidas por cada sociedade dentro de sua realidade histórica e objetiva?

Não são poucos os pensadores que têm voltado suas reflexões para responder a essas questões. Cada um a seu modo tenta identificar e justificar a natureza do Estado, suas contradições sociais, os seus limites e as suas possibilidades.

Rousseau, quando apresenta a configuração da sociedade civil, identifica, na *propriedade privada*, a causa originária da desigualdade entre os homens. "O verdadeiro fundador da sociedade civil foi o primeiro homem que, tendo cercado um terreno, lembrou-se de dizer, *isto é meu*, e encontrou pessoas suficientemente simples para acreditá-lo. Quantos crimes, guerras, assassínios, misérias e horrores não pouparia ao gênero humano aquele que, arrancando as estacas ou enchendo o fosso, tivesse gritado a seus semelhantes: 'Defendei-vos de ouvir esse impostor; estareis perdidos se esquecerdes que os frutos são de todos e que a terra não pertence a ninguém'" (*Discurso sobre a desigualdade*).

A propriedade privada instaurou a desigualdade entre os homens. Essa desigualdade gerou dois tipos de homens, de naturezas distintas: o senhor e o escravo. O senhor é aquele que cercou o seu quintal, tornando-se o dono da propriedade privada; escravo é aquele que, ficando do outro lado da cerca, perdeu o seu direito sobre os bens da natureza. Dessa relação, nascem todos os males da sociedade civil. O homem que perdeu o seu direito ao uso do bem comum, aquele que no estado de natureza pertencia a todos, perdeu, ao mesmo tempo, a sua liberdade natural, tornou-se um ser dependente daquele homem que pela primeira vez cercou o seu quintal. "O homem nasceu livre, e em toda parte se encontra sob ferros" (Rousseau – *Contrato social*). A escravidão não é uma condenação natural, é uma condenação da sociedade civil. Se o homem nasceu livre e encontra-se escravizado, esse vínculo de submissão pode ser rompido, o homem pode reconquistar a sua liberdade. Não é mais possível retornar à liberdade originária, aquela na qual o homem era livre e bom, por natureza. A sociedade não retroage, não anda para trás. Nunca voltamos à inocência originária quando dela nos afastamos. A própria sociedade que gerou a desigualdades entre os homens é convocada a encontrar a saída, encontrar os meios pelos quais os homens possam viver em sociedade, sem ter que ceder a sua liberdade. Essa será a conquista da sociedade civil. Ela fará a transição do estado natural, no qual o homem ainda é um ser "estúpido" e "limitado", para a sociedade civil, na qual o homem, dotado de inteligência, encontra as condições para a construção de sua emancipação. A força, que é a lei do estado natural, é substituída pela lei, que é a força da sociedade civil. "É decididamente indispensável aos homens atribuírem-se leis e viverem conforme a estas leis; de outro modo, não existiria nenhuma diferença entre eles e os animais que, sob todos os aspectos, são os mais selvagens" (Platão – *As leis*). Processa-se a transição entre o mundo da violência, o mundo pré-moral, para o mundo da moralidade. "A passagem do estado natural ao estado civil produz no homem uma mudança notável, substituindo em sua conduta o instinto pela justiça, e conferindo às suas ações a moralidade que anteriormente lhe faltava". Num outro momento, diz Rousseau: "É preciso pensar uma forma de sociedade onde o homem possa viver sem perder seus direitos civil, sem perder a sua dignidade de ser homem. [...] seja qual for o modo de encarar as coisas, nulo é o direito de escravidão, não só por ser ilegítimo, mas por ser absurdo e nada significar. As palavras escravidão e direito são contraditórias, excluem-se mutuamente". Quer de um homem a outro, quer de um homem a um povo, será sempre igualmente insensato este discurso: "Estabeleço contigo uma convenção ficando tudo a teu cargo e tudo em meu proveito, convenção essa a que obedecerei enquanto me aprouver e que tu observarás enquanto for do meu agrado" (Rousseau – *Contrato social*). "Como é impossível aos homens engendrar novas forças, mas apenas unir e dirigir as existentes, não lhe resta outro meio, para se conservarem, senão formando, por agregação, uma soma de forças que possa arrastá-los sobre a resistência, pô-los em movimento por um móbil e fazê-lo agir de comum acordo" (Rousseau – *Contrato social*). O Contrato social é, segundo Rousseau, o acordo que torna possível ao homem viver em uma sociedade civil, sem ter que renunciar aos seus direitos fundamentais: a propriedade, a segurança e a liberdade. "[...] uma forma de associação que defenda e proteja de toda a força comum a pessoa e os bens de cada associado, e pelo qual, cada um, unindo-se a todos, não obedeça, portanto, senão a si mesmo, e permaneça tão livre como anteriormente". Todas as cláusulas desse contrato poderiam ser reduzidas em uma só: "a alienação total de cada associado, com todos os seus direitos, à comunidade toda, pois, em primeiro lugar, desde que cada um se dê completamente, a condição é igual para todos e, sendo a condição igual para todos, ninguém se interessa em torná-la onerosa aos demais" (Rousseau – *Contrato social*). O contrato é a condição necessária para a emancipação do homem, a partir do qual ele abandona o estado de servidão e, na sociedade civil, conquista a sua liberdade, resgatando sua humanidade. A cidade é a expressão da vontade geral. Nela o homem se reconhece, ela é a sua casa, manifestação livre de sua vontade. Sua liberdade se encontra preservada. O homem tornou-se senhor de si. Obedecendo a lei que ele mesmo prescreveu, o homem tornou-se livre, conquistou a sua liberdade civil. A lei, alma do contrato, acordo feito entre todos, a favor de todos, é o corpo moral de um bem comum, no qual forma-se o povo, o cidadão, o Estado, e o homem conquista a sua liberdade. "Quanto aos associados, recebem eles, coletivamente, o nome de povo e se chamam em particular, cidadãos, enquanto partícipes da autoridade soberana, e súditos enquanto submetidos às leis do Estado" (Rousseau – *Contrato social*). Encontra-se aqui, os fundamentos de uma sociedade esclarecida, onde o homem, subordinando-se unicamente aos ditames de sua razão, obedecendo as leis da sociedade civil, expressão de sua própria vontade, torna-se livre, vivendo, cuidando de si, sendo senhor de seus próprios passos. Não seria exagerado dizer que, do renascimento aos nossos dias, a conquista da razão, sua emancipação histórica, é a maior conquista do homem. É certo que outras grandes conquistas ocorreram, mas, todas elas têm, nessa razão autônoma, nessa máquina de fabricação e propulsão de ideias, a sua causa originária. Sem a conquista da razão, o mundo no qual vivemos, com todas as suas conquistas, ainda não teria conhecido o mundo. Hegel, olhando para o tempo sobre o qual Rousseau fala, se pronuncia: "[...] desde que o Sol brilha no firmamento e os planetas giram em torno do Sol, não se havia ainda visto que o homem se baseia sobre a sua cabeça, isto é, sobre o pensamento, e constrói a realidade conforme o pensamento" (*Lições sobre a filosofia da história*).

Por que é tão difícil a conquista da liberdade? Por que, quase sempre, o homem, mansamente renuncia a ela, colocando-se a serviço de um determinado senhor? Diante da árdua tarefa de cuidar de si, o homem acaba por renunciar ao seu primordial direito: sua dignidade. O que o leva a tal renúncia? Mais que isso, por que aceita uma condição servil? Sem a autonomia da razão, não se conquista as outras autonomias derivadas. A liberdade é uma conquista do pensamento. Pensar não é uma tarefa fácil. Além de ser uma tarefa trabalhosa, o perigo ronda todo o seu percurso. Talvez esteja aí a justificativa para muitos renunciarem a esse direito que lhes pertence por inteiro. A renúncia é sempre uma diminuição de ser. É a transferência para que outro ser complete a falta do ser que renunciou. Para que pensar, se alguém pode exercer essa tarefa em seu lugar? É mais cômodo apoiar-se numa bengala alheia do que andar com as próprias pernas. Estamos sempre esperando que os passos marcados na areia por onde caminhamos não sejam os nossos, mas de alguém que esteja nos carregando. "Não tenha medo, pois eu estou com você. Não precisa olhar com desconfiança, pois eu sou o seu Deus. Eu fortaleço você, eu o ajudo e o sustento com minha direita vitoriosa" (*Isaías*). Agir assim é ter a idade cronológica de um homem, sendo portador de uma razão de criança, uma razão infantilizada. "Se possuísse um livro que faz a vez de meu entendimento; um diretor espiritual, que faça às vezes de minha consciência; um médico, que decida por mim a dieta etc.; assim não preciso dispender nenhum esforço. Não preciso necessariamente pensar, se posso apenas pagar; outros se incumbirão por mim desta aborrecida ocupação". Continua Kant: "É, portanto, difícil para cada homem livrar-se da menoridade que nele se tornou quase uma natureza. Até afeiçoou-se a ela e por ora permanece realmente incapaz de se servir de seu próprio entendimento, pois nunca se deixou que tentasse. Preceitos e fórmulas, esses instrumentos mecânicos de um uso, antes, de um mau uso racional de seus dons naturais, são as correntes para uma permanente menoridade. Mesmo quem deles se livrasse, faria apenas um salto inseguro sobre o menor fosso, visto não estar habituado a uma liberdade de movimento. Por isso são poucos os que conseguiram, mediante o exercício individual de seu espírito, desembaraçar-se de sua menoridade e, assim, trilhar um caminho seguro". (Kant – *O que é esclarecimento*). Os que não conseguem, no exercício do pensamento, afirmar a autonomia de sua razão, tornam-se presas fáceis do fanatismo, das crenças e superstições, das religiões, de toda sorte de fundamentalismos, em todos os campos, tão presentes em nosso tempo; tornam-se vulneráveis aos discursos autoritários dos Messias que, de armas – ou Bíblias – em punho, com falsas promessas de conduzir o povo à terra da felicidade, onde terão pão e mel em abundância – "Porque o Senhor teu Deus te põe numa boa terra, terra de ribeiros de águas, de fontes, e de mananciais, que saem dos vales e das montanhas; Terra de trigo e cevada, e de vides e figueiras, e romeiras; terra de oliveiras, de azeite e mel. Terra em que comerás o pão sem escassez, e nada te faltará nela; terra cujas pedras são ferro, e de cujos montes tu cavarás o cobre. Quando, pois, tiveres comido, e fores farto, louvarás ao Senhor teu Deus pela boa terra que te deu" (*Deuteronômio*.) –, conquistam o poder e transformam seus crentes – adoradores ensandecidos – em um grande rebanho que, prisioneiros de suas crenças e superstições, caminham passivamente em direção a um *Fim* prometido.

Segundo Nietzsche, ocorreu no Ocidente, principalmente sob a influência do cristianismo, uma transmutação dos valores. Os valores afirmativos, aqueles que elevam e valorizam o homem, tornando-o senhor de si, conduzindo-o a uma moral de senhor, são renegados, tomados como negativos, inferiores; enquanto os valores negativos, aqueles que conduzem o homem a uma renúncia de si, a uma moral escrava, servil, uma moral de rebanho, afirmam-se como os verdadeiros valores, aqueles capazes de conduzir o homem em direção à verdadeira felicidade, em direção à terra da Bem-aventurança. "Em verdade eu vos digo que um rico dificilmente entrará no Reino dos Céus. E vos digo mais: é mais fácil um camelo entrar pelo buraco de uma agulha do que um rico entrar no Reino de Deus" (*Mateus*). "O cristianismo é a revolta de tudo o que rasteja pelo chão contra aquilo que tem altura". "Os miseráveis apenas são os bons, apenas os pobres, impotentes, baixos são bons, os sofredores, necessitados, feios, doentes são os únicos beatos, os únicos abençoados, unicamente para eles há bem aventurança – mas vocês, nobres e poderosos, vocês serão por toda a eternidade os maus, os cruéis, os lascivos, os insaciáveis, os ímpios, serão também eternamente os desventurados, malditos e danados!" (Nietzsche – *Genealogia da moral*). É preciso vingar-se dos mais fortes, destituindo-os de qualquer valor afirmativo, concedendo, aos mais fracos, a força dos possuidores da verdadeira vitória. Inverte-se os polos de força, o forte torna-se um fraco, um perdedor; o fraco torna-se um forte, o vencedor. É possível essa inversão de forças, fazendo uma força positiva, tornar-se negativa, e uma força negativa tornar-se positiva? Não. Segundo Nietzsche, uma ação dessa natureza implicaria em uma contradição absurda, derivada de uma moral do ressentimento, na qual tem origem o artifício do ódio e da vingança. "Exigir da força que não se expresse como força, que não seja um querer-dominar, um querer-vencer, um querer-subjugar, uma sede de inimigos, resistências e triunfos, é tão absurdo quanto exigir da fraqueza que se expresse como força" (*Genealogia da moral*). Em que momento histórico ocorreu essa inversão de valores? "A rebelião escrava na moral começa quando o próprio ressentimento se torna criador e gera valores: o ressentimento dos seres aos quais é negada a verdadeira reação, a dos atos, e que apenas por uma vingança imaginária obtêm reparação. Enquanto toda moral nobre nasce de um triunfante Sim a si mesma, já de início, a moral escrava diz Não a um 'fora', um 'outro', um 'não-eu' – e esse Não é seu ato criador. Essa inversão do olhar que estabelece valores – esse necessário dirigir-se para fora, em vez de voltar-se para si – é algo próprio do ressentimento: a moral escrava sempre requer, para nascer, um mundo oposto e exterior, para poder agir em absoluto – sua ação é, no fundo, reação. O contrário sucede no modo de valoração nobre: ele age e cresce espontaneamente, busca seu oposto apenas para dizer Sim a si mesmo com ainda maior júbilo e gratidão – seu conceito negativo, o 'baixo', 'comum', 'ruim', é apenas uma imagem de contraste, pálida e posterior..." (Nietzsche – *Genealogia da moral*). "A fim de poder dizer não a tudo o que representa o movimento *ascendente* da vida sobre a terra, o desenvolvimento, o poder, a beleza, a aprovação, era necessário que o instinto de *ressentiment* considerado gênio fabricasse para si próprio um *outro* mundo, onde essa *aprovação da vida* fosse considerada o mal, o reprovável em si" (Nietzsche – *Anticristo*). Como consequência dessa moral do ressentimento, as forças reativas travam "uma *guerra de morte* contra esse tipo de homem *superior*, baniu todos os instintos inatos desse tipo, destilou esses instintos para deles extrair o mal, o *malévolo* – o homem forte como tipo do reprovável, o 'réprobo'. O cristianismo tomou partido de tudo o que é débil, baixo, incapaz" (Nietzsche – *Anticristo*). De todos os textos sagrados do cristianismo, *O Bem-aventurado*, também conhecido como *Sermão da montanha*, representa bem essa transvaloração de todos os valores. Nessa tábua de valores, a resignação, a renúncia de si, enquanto valor afirmativo, torna-se o valor absoluto. Sem a sua posse, o homem não conquistará o céu. Esse discurso de Cristo representa o pilar da fé cristã, fundamento moral e ético, que indica os caminhos por meio dos quais o homem, que segue a Cristo, conquista o estado de graça celestial nesta vida e, após a morte, é agraciado com as boas-venturanças divinas: "Jesus, vendo a multidão, subiu a um monte, e, assentando-se, aproximaram-se dele os seus discípulos; e, abrindo a boca, os ensinava, dizendo" (*Mateus*). "Bem-aventurados os humildes de espírito, porque deles é o reino dos céus. Bem-aventurados os que choram, porque eles serão consolados. Bem-aventurados os mansos, porque eles herdarão a terra. Bem-aventurados os que têm fome e sede de justiça porque eles serão fartos. Bem-aventurados os misericordiosos, porque eles alcançarão misericórdia. Bem-aventurados os limpos de coração, porque eles verão a Deus. Bem-aventurados os pacificadores, porque eles serão chamados filhos de Deus. Bem-aventurados os que são perseguidos por causa da justiça, porque deles é o reino dos céus. Bem-aventurados sois vós, quando vos injuriarem e perseguirem e, mentindo, disserem todo mal contra vós por minha causa. Alegrai-vos e exultai, porque é grande o vosso galardão nos céus; porque assim perseguiram aos profetas que foram antes de vós" (*Mateus*). Diz Santo Agostinho, com o olhar voltado para a cultura pré-cristã: "Eu li em Platão, Sócrates e outros filósofos algumas palavras sábias, mas eu nunca li em nenhum deles: 'Vinde a mim todos os que estão cansados e oprimidos e eu vos aliviarei'". Desse discurso, nasce a imagem do homem submisso, resignado, manso, dotado de uma alma que, não sendo capaz de cuidar de si, cede a sua autonomia, com ela, a sua dignidade, escravizando-se, entregando-se aos cuidados de um

Senhor absoluto, a quem humildemente irá servir. "[...] Se eu quiser falar com Deus / Tenho que aceitar a dor / Tenho que comer o pão / Que o diabo amassou / Tenho que virar um cão / Tenho que lamber o chão / Dos palácios, dos castelos / Suntuosos do meu sonho / Tenho que me ver tristonho / Tenho que me achar medonho / E apesar de um mal tamanho / Alegrar meu coração [...]" (Gilberto Gil – *Canção popular*). Diz Nietzsche: "Muito de pesado há para o espírito, para o espírito forte, que suporta carga, em que reside o respeito: pelo pesado e pelo pesadíssimo reclama sua força. O que é pesado? assim pergunta o espírito de carga, assim ele se ajoelha, igual ao camelo, e quer ser bem carregado. O que é o pesadíssimo, ó heróis? assim pergunta o espírito de carga, para que eu o tome sobre mim e me alegre de minha força. Não é isto: abaixar-se, para fazer mal a sua altivez? Deixar brilhar sua tolice, para zombar de sua sabedoria? [...] Ou é isto: amar aqueles que nos desprezam e estender a mão ao espectro quando ele nos quer fazer medo? Todo esse pesadíssimo o espírito de carga toma sobre si: igual ao camelo, que carregado corre para o deserto, assim ele corre para seu deserto" (Nietzsche – *Assim falou Zaratustra*). A morte desse Deus, assassino dos espíritos livres e altivos, torna-se a condição necessária para o nascimento de um novo homem, do homem que, livre de toda resignação, afirma-se, em pleno domínio de sua liberdade, senhor de seu deserto. "Ai! Onde se fizeram mais loucuras na terra do que entre os compassivos, e que foi que mais prejuízo causou à terra do que a loucura dos compassivos? – Pobre dos que amam sem que a sua alma esteja acima de sua piedade! Assim me disse um dia o diabo: 'Deus também tem o seu inferno: é o seu amor pelos homens'. – E ultimamente ouvi-lhe dizer estas palavras: 'Deus morreu; matou-o a sua piedade pelos homens'" (Nietzsche – *Assim falava Zaratustra*). "Eu sou Zaratustra, o ímpio. Onde encontrarei outro igual a mim? São iguais a mim todos aqueles que por si próprios definem sua vontade e se livram de toda resignação". Continua Nietzsche: "Seja piedade de um Deus ou piedade dos homens, a compaixão é contrária ao pudor. E não querer auxiliar pode ser mais nobre do que essa virtude que assalta pressurosa e solícita. Mas a *isso* mesmo é que toda a gente pequena chama hoje virtude, a compaixão; tal gente não guarda respeito à grande desgraça, nem à grande felicidade, nem à grande queda. Deito o meu olhar por cima dos pequenos, como o de um cão por cima dos buliçosos rebanhos de ovelhas. É gentinha de boa vontade, parda e peluda. Tempo demais se deu razão a essa gentinha, e assim se acabou por se lhes dar igualmente o poder. Agora pregam: 'Só o que a gentinha acha bom, é que é bom'. E hoje chama-se 'verdade' ao que dizia o pregador, que saiu das fileiras dessa gente, aquele santo raro, aquele advogado dos pequenos que afirmava por si só 'eu sou a verdade'. E aquele homem imodesto que ao dizer 'eu sou a verdade', pregou um erro mais que mediano, foi a causa de se pavonearem há muito as pessoas pequeninas. Acaso se respondeu alguma vez mais cortesmente a uma pessoa falha de modéstia? E tu, Zaratustra, todavia, passaste por diante dele dizendo: 'Não! Não! Mil vezes não!' Tu deste a voz de alarme contra o seu erro; foste o primeiro a dar a voz de alarme contra a compaixão; não a todos, nem a nenhum, mas a ti e à tua espécie. Envergonhas-te da vergonha dos grandes sofrimentos: e quando dizes: 'Da compaixão vem uma grande nuvem, alerta humanos'. E quando ensinas: 'Todos os criadores são duros, todo o grande amor está por cima da sua compaixão', parece-me conheceres bem os sinais do tempo, Zaratustra! Mas tu mesmo... livra-te também da tua própria piedade. Que há muitos que se encaminham para ti, muito dos que sofrem, dos que duvidam, dos que desesperam, dos que se afogam e gelam... Ponho-te também em guarda contra mim. Adivinhas o meu melhor e o meu pior enigma, adivinhaste-me a mim mesmo e o que tenho feito. Conheço o machado que te derruba. Foi preciso, contudo, ele morrer: via com olhos que tudo viam; via as profundidades e os abismos do homem, toda a sua oculta ignomínia e fealdade. A sua compaixão não conhecia a vergonha; introduzia-se-me nos mais sórdidos recantos. Foi mister morrer o mais curioso, o mais importuno, o mais compassivo. Sempre me via; quis vingar-me de tal testemunha ou deixar de viver. O Deus que via tudo, até o homem, esse Deus devia morrer! O homem não suporta a vida de semelhante testemunha" (Nietzsche – *Assim falava Zaratustra*).

Para conquistar a sua liberdade, o homem cometeu um parricídio, tornou-se o assassino de Deus. Como consequência desse deicídio, o homem tomou posse de seu iluminismo, secularizou-se, tornou-se adulto, livrou-se de uma razão infantil que o aprisionava num mundo de faz de conta, um mundo de fábulas. Vitória de Dionísio, vitória da vida. Nunca houve conquista igual. É motivo de festa, não só para o homem, mas para toda a humanidade. "O maior acontecimento recente – o fato de que 'Deus está morto', [...] nós, filósofos e 'espíritos livres', ante a notícia de que 'o velho Deus morreu' nos sentimos como iluminados por uma nova aurora; nosso coração transborda de gratidão, espanto, pressentimento, expectativa – enfim nosso horizonte nos aparece novamente livre [...]" (Nietzsche – *A gaia ciência*).

Renunciar ao pensamento, sejam quais forem as circunstâncias, é renunciar a própria dignidade, renunciar a sua própria humanidade, deixando-se domesticar e, como consequência, bestializando-se, colocando-se a serviço de um senhor. A restauração do homem integral, do homem por inteiro, passa, necessariamente, pela conquista da razão. Mediado por essa conquista, o homem emancipa-se, descola-se do mundo primitivo e natural, onde reina a estupidez dos brutos, e eleva-se à categoria do humano, lugar onde constrói a sua liberdade, torna-se seu próprio senhor e conquista a sua maioridade. "Um homem, para a sua pessoa, e mesmo então só por algum tempo, pode, no que lhe incumbe saber, adiar a ilustração; mas renunciar a ela, quer seja para si, quer ainda mais para a descendência, significa lesar e calcar aos pés o sagrado direito da humanidade" (Kant – *O que é o iluminismo*).

O primeiro movimento do iluminismo é olhar-se, sem censura, sem filtros, sem máscaras, perder o medo de se ver, de se enfrentar, renunciando às armas de defesa, colocando a razão no tribunal da crítica, levando-a a conhecer a si mesma, a conhecer os seus limites, as suas possibilidades, tornando-se, ao fim do processo, uma razão esclarecida, emancipada. De certo, conhecer-se não é tarefa fácil, mas é uma guerra necessária. A razão que não é capaz de se olhar torna-se cega para olhar o homem, para olhar o mundo. "Sócrates – Diz-me, Eutidemo, já estiveste em Delfos? Eutidemo – Duas vezes, por Júpter! Sócrates – Então leste a inscrição gravada no templo: *'Conhece-te a ti mesmo'*? Eutidemo – Li Sócrates – Não deste importância ao conselho ou o aceitaste e diligenciaste saber quem és? Eutidemo – Por Júpter! Então não havia de conhecer-me a mim mesmo?! Difícil me fora aprender outra coisa, se a mim próprio ignorasse" (Xenofonte – *Memoráveis*). Diz Sócrates, no *Fedro*: "Ora, eu não dedico o meu ócio a explicação desse gênero, e fica sabendo por que motivo, meu caro: ainda não consegui, até agora, conforme recomenda a inscrição délfica, conhecer-me a mim mesmo; por isso, vejo quanto seria ridículo, eu, que não tenho o conhecimento de mim mesmo, me dedicasse a estudar coisas que me são estranhas" (Platão). Diante do tribunal, ao se defender das acusações que lhes foram atribuídas, Sócrates diz que a única coisa que faz é ensinar, aos jovens e velhos, a cuidar mais de sua alma, a cuidar mais de si, do que do corpo, da riqueza, do poder, ou dos prazeres. O cuidado com a sua própria alma torna-se o primeiro, e mais importante, movimento praticado por quem deseja filosofar de verdade. A alma torna-se o lugar seguro, referência originária para o filosofar. Diz Sócrates a Símias e a Cabes, qual é a verdadeira função da filosofia: "aí estão [...] os motivos pelos quais os que, no exato sentido da palavra, se ocupam com a filosofia, permanecendo afastado de todos os desejos corporais sem exceção, mantendo uma atitude firme e não se entregando às suas solicitações. A perda de seu patrimônio, a pobreza não lhes infunde medo, como à multidão dos amigos da riqueza; e, da mesma forma, a existência sem honrarias e sem glória, que lhe confere o infortúnio, não é capaz de atemorizá-lo, como faz aos que amam o poder e as honras. Por isso, eles permanecem afastados dessa espécie de desejos" (Platão – *Fédon*). Descartes, com um filosofar distinto do filosofar de Sócrates, também procurava um ponto fixo, um lugar seguro para erguer a morada de sua filosofia. "Arquimedes, para tirar o globo terrestre de seu lugar e transportá-lo para outra parte, não pedia nada mais exceto um ponto que fosse fixo e seguro. Assim, terei o direito de conceber altas esperanças, se for bastante feliz para encontrar somente uma coisa que seja certa e indubitável" (Descartes – *Meditações*). Sócrates encontrou na alma, lugar onde habita as verdades eternas, Descartes, por sua vez, encontrou no *cogito*, no pensamento, o ponto fixo que buscava para fundar as bases de um saber segura, certo e indubitável. "Mas, logo a seguir, notei que, enquanto assim queria pensar que tudo era falso – a dúvida torna-se uma *dúvida metodológica* -, era de todo necessário que eu, que o pensava, fosse alguma coisa. E notando que esta verdade: *penso, logo existo* (*Cogito ergo sum*), era tão firme e tão certa que todas as extravagantes suposições dos céticos não eram capazes de a abalar, julguei que poderia aceitar, sem escrúpulo, para primeiro princípio da filosofia que procurava" (*Discurso do método*). Nas *Meditações*, diz Descartes: "[...] após ter pensado bastante [...] e de ter examinado cuidadosamente todas as coisas, cumpre enfim, concluir e ter por constante que esta proposição, *eu sou, eu existo*, é necessariamente verdadeira, todas as vezes que eu a enuncio ou que eu a concebo em meu espírito. [...] nada sou [...] senão uma coisa que pensa, isto é, um espírito, um entendimento ou uma razão..." (Descartes – *Meditações*). O movimento de voltar a si, de se buscar, de se conhecer, não tem trégua, é permanente, uma verdadeira guerra, com muitas batalhas, que cada uma trava consigo mesmo. Muitos recolhem os seus soldados, renunciando à luta, na primeira derrota. Mas aí, não nasce o homem emancipado, não nasce o homem que, cuidando-de-si, preparou-se para melhor cuidar do homem, melhor, cuidar do mundo. O homem vitorioso é aquele que não desistiu das lutas, apesar das batalhas perdidas, das feridas na alma, não fugiu do *front*, quebrou as suas correntes e, como recompensa, conquista vitórias gloriosas. Clínias: "É precisamente nessa guerra [...], que a vitória sobre o eu é de todas as vitórias a mais gloriosa e a melhor, e a auto-derrota é de todas as derrotas de pronto a pior e a mais vergonhosa, frases que demonstram que uma guerra contra nós mesmos existe dentro de cada um de nós" (Platão – *As leis*). Segundo Rousseau, o movimento que o homem fez em busca de si mesmo, em busca de tomar posse de si, é um movimento emancipatório. O homem que se conquistou, conquistou, ao mesmo tempo, a fonte de sua verdadeira felicidade. "O hábito de entrar em mim mesmo me fez perder [...] o sentimento e a quase lembrança de meus males; aprendi assim, por minha própria experiência, que a fonte da verdadeira felicidade está em nós e que não depende dos homens tornar verdadeiramente infeliz aquele que sabe querer ser feliz" (*Os devaneios do caminhante solitário*). Foucault, ao refletir sobre o conceito de *cuidado-de-si*, vai em busca do solo socrático, indicado pelo deus Apolo. "[...] A epiméleia heautoû ('cuidado de si') é uma atitude – para consigo, para com os outros, para com o mundo. Em segundo lugar, a epiméleia heautoû é também uma certa forma de atenção do olhar. Cuidar de si mesmo implica que se converta o olhar, que se o conduza do exterior... dos outros, do mundo etc., para 'si mesmo'. O cuidado de si implica uma certa maneira de estar atento ao que se pensa e ao que se passa no pensamento. Em terceiro lugar, a noção de *epiméleia* não designa simplesmente esta atitude geral ou essa forma de atenção voltada para si. Também designa sempre algumas ações, ações que são exercidas de si para consigo, ações pelas quais nos assumimos, nos modificamos, nos purificamos, nos transformamos e nos transfiguramos" (M. Foucault – *Hermenêutica do sujeito*). A orientação socrática percorrerá, ao longo dos tempos, demarcando os momentos e as condições históricas em que o homem, libertando-se das suas amarras – divinas ou não – voltou-se para si mesmo, tornando-se o centro, a referência, a causa originária de todos os saberes dos tempos vindouros. O antropocentrismo, a conquista do homem pelo homem, ressurgiu e reafirmou-se, ao longo da história, em todos os momentos em que o homem, perdendo o seu centro, tornando-se escravo de seu próprio obscurantismo, ou de um regime totalitário, sob comando de um tirano, com configurações humanas ou divinas, naturais ou sobrenaturais, libertou-se, conquistou, ou (re)conquistou, o direito de ser o ser por meio do qual a verdade aparece no mundo.

   Todos aqueles que nada têm de melhor para oferecer que o uso do seu corpo, e os seus membros, são condenados pela natureza à escravidão. É melhor para eles servir que serem abandonados à sua própria sorte. São seres que obedecem à razão, mas não a exercem.

Aristóteles, em *A política*, afirma que o uso dos escravos e dos animais é aproximadamente o mesmo. "[...] em toda parte onde se observa a mesma distância que há entre a alma e o corpo, entre o homem e o animal, existem as mesmas relações; isto é, todos os que não têm nada melhor para nos oferecer do que o uso de seus corpos e de seus membros são condenados pela natureza à escravidão. Para eles, é melhor servirem do que serem entregues a si mesmos. Numa palavra, é naturalmente escravo aquele que tem tão pouca alma e poucos meios que resolve depender de outrem". "Aqueles homens, portanto, cuja a capacidade estão confinadas predominantemente no corpo, e cuja principal excelência consiste em proporcionar serviços corporais; aqueles, afirmo, são naturalmente escravos, porque é de seu interesse sê-lo. Podem obedecer à razão, embora sejam incapaz de exercê-la; e embora diferentes dos animais domésticos, que são disciplinados meramente por meio de suas sensações e seus apetites, fazem quase as mesmas tarefas e tornam-se propriedades de outros homens, porque sua segurança assim o requer". Buscando ainda organizar a cidade, em seu sistema político, Aristóteles, no livro I da *Política*, faz a classificação dos seres, indicando o papel que cada um desempenhará na ordem da cidade. "Em primeiro lugar, é necessário que se unam, aos pares, aqueles seres que são incapazes de existir um sem o outro: esse é o caso do homem e da mulher, em vista da reprodução [...]; esse também é o caso da união de um homem cuja natureza é comandar com outro que por natureza obedece, visando a conservação de ambos. Pois aquele ser que, graças à sua inteligência, tem a capacidade de prever é, por natureza, um chefe (*árchon*) e um senhor (*despózon*), ao passo que o ser que é capaz de executar as ordens do outro por meio de seu corpo, é um subordinado e um escravo por natureza".

Em Aristóteles, o homem não é livre para escolher a sua condição de ser no mundo, ele já aparece no mundo com a alma chancelada, indicando o seu lugar natural na ordem do cosmo. É a natureza que determina, na ordem social, quem nasceu para ser escravo ou quem nasceu para ser senhor. Escravo é por natureza escravo. Cidadão é por natureza cidadão. "Mas faz a natureza ou não de um homem um escravo? É justa e útil a escravidão ou é contra a natureza? É isto que devemos examinar agora. O fato e a experiência, tanto quanto a razão, nos conduzirão aqui ao conhecimento do direito. Não é apenas necessário, mas também vantajoso que haja mando por um lado e obediência por outro; e todos os seres, desde o primeiro instante do nascimento, são, por assim dizer, marcados pela natureza, uns para comandar, outros para obedecer. Entre eles, há várias espécies de superiores ou de súditos, e o mando é tanto mais nobre quanto mais elevado é o próprio súdito. Assim, mais vale comandar homens do que animais. O que se executa mediante melhores agentes é sempre mais bem executado, partindo então a execução do mesmo princípio que o comando; ao passo que, quando aquele que manda e aquele que obedece são de espécies diferentes, cada um sacrifica algo de seu. Em tudo o que é composto de várias partes, quer contínuas, quer disjuntas, mas tendentes a um fim comum, sempre notamos uma parte eminente à qual as outras estão subordinadas, e isso não apenas nas coisas animadas, mas também nas que não o são, tais como os objetos suscetíveis de harmonia. Mas, aqui, me afastarei por certo de meu objetivo. O animal compõe-se primeiro de uma alma, depois de um corpo: a primeira, por sua natureza, comanda e o segundo obedece. Digo 'por sua natureza', pois é preciso considerar o mais perfeito como tendo emanado dela, e não o que é degradado e sujeito à corrupção. O homem, segundo a natureza, é aquele que é bem constituído de alma e de corpo. Se nas coisas viciosas e depravadas o corpo não raro parece comandar a alma, é certamente por erro e contra a natureza. É preciso, portanto, como dissemos, considerar nos seres animados a autoridade do senhor e a do magistrado: a primeira é a da alma sobre o corpo; a segunda exerce sobre as paixões humanas o poder da razão. É claro que o comando, nestas duas espécies, é conforme à natureza, assim como ao interesse de todas as partes, e a igualdade ou a alternância seriam muito nocivas a ambas. O mesmo ocorre com o homem relativamente aos outros animais, tanto os que se domesticam quanto os que permanecem selvagens, a pior das duas espécies. Para eles é preferível obedecer ao homem; seu governo é-lhes salutar. A natureza ainda subordinou um dos dois animais ao outro. [...] A natureza, por assim dizer, imprimiu a liberdade e a servidão até nos hábitos corporais. Vemos corpos robustos talhados especialmente para carregar fardos e outros usos igualmente necessários; outros, pelo contrário, mais disciplinados, mas também mais esguios e incapazes de tais trabalhos, são bons apenas para a vida política, isto é, para os exercícios da paz e da guerra" (Aristóteles – *A política*).

Na cosmologia aristotélica, cada ser traz a sua substância identitária, a sua *essência necessária*, determinando a finalidade de seu ser na ordem da atualização de suas potências. Cada ser é o que é, não podendo ser diferente. "O que existe deve necessariamente existir quando existe; o que não existe não pode existir quando não existe" (Aristóteles – *Da interpretação*). Ou é ou não é, não havendo uma terceira possibilidade. A esse ser, nada falta, ele é completo, total, cheio, esférico. Preserva-se aqui o princípio de identidade da lógica aristotélica: todo ser é igual a ele mesmo, *A é igual a A*. "[...] é impossível que um mesmo atributo pertença e não pertença ao mesmo tempo ao mesmo sujeito, e na mesma relação [...]" (*Metafísica*). Afirma-se a imutabilidade do ser (Parmênides), negando-se, ao mesmo tempo, a sua mutabilidade (Heráclito). Assim, como de um pé de laranja, não se pode colher uma carambola, de uma natureza escrava, não nasce uma natureza de senhor. Seria uma contradição lógica, produzir um efeito distinto de sua causa originária. Toda causa, gera o seu efeito necessário. Portanto, obedecendo a esse determinismo natural, a sociedade segue o seu curso, sem processar nenhuma transição entre assas duas classes sociais. Nesse processo, o homem não tem nenhum poder de atuação, não cabe a ele alterar a ordem natural das coisas, seu papel é o de compreender, a partir de uma razão puramente classificatória, a ordem lógica do todo, justificando, na ordem do cosmo, o lugar natural de cada coisa, de cada ser.

Na teoria política de Hobbes, o homem, por **medo** de outro homem, aceitou ceder a sua liberdade, na **esperança** de que o Estado – o seu tirano – proteja e garanta a sua vida. Entre a vida e a liberdade, o homem escolhe a vida. Sem a sociedade civil, não haveria segurança para a vida. O estado de natureza, aquele no qual cada um se governa, é muito arriscado. Não há paz. Todos estão em guerra contra todos. É um estado sem leis, no qual *o homem é o lobo do próprio homem*. "[...] enquanto os homens viverem sem um poder comum para mantê-los todos intimidados, eles viverão nesse estado que é chamado de Guerra e um tipo de guerra em que cada homem se opõe ao outro" (Hobbes – *Leviatã*). Para que o Estado possa garantir a vida de cada um dos seus membros, é preciso que o homem renuncie ao seu estado de natureza e se organize civilmente. A sociedade civil foi uma técnica inventada pelo homem para preservar a sua vida. O medo de perder a vida fez o homem inventar o Estado. Entretanto viver em sociedade é, segundo Hobbes, viver sem liberdade. Livre, o homem torna-se uma presa fácil para o mais feroz dos seus inimigos: o próprio homem. Só o Estado, o Senhor *Leviatã*, poderá salvar e cuidar de todos os seus filhos. Essa salvação exige sacrifício. Sem a morte, não há a salvação. É preciso morrer para a natureza, a fim de nascer para a vida social. O Estado só salvará o homem que renunciou a sua autonomia, tornando-se um escravo, pondo-se a serviço de um Senhor. Mantém-se vivo, mas sem a sua dignidade, sem a sua alma. No limite, é um morto vivo. É dessa servidão que nasce o poder absoluto do soberano. Todos a ele obedecem, sem que ele tenha que obedecer a ninguém. Sua vontade é universal, ela é a somatória de todas as vontades particulares, reunidas em uma única vontade: a do Senhor. Tal poder, convergido a um único homem, o eleva para além do homem, fazendo-o de um homem comum, um homem superior a todos os outros iguais. "Uma multidão de Senhores não é boa coisa; que haja um só Senhor. A quem o filho de Cronus – de ardiloso conselho – tenha confiado o certo e o julgamento" (Homero – *Ilíada, II*). Fora da tutela do Estado, fora dos domínios desse grande Leviatã, o homem não tem paz, o risco de perder a sua vida está sempre presente. Sem alienar a sua alma ao Estado, o homem não encontrará a sua salvação. Um homem comum, com os poderes que lhes foram alienados, tornou-se um super-homem, superior a todos os outros homens, no limite, divinizou-se, tornou-se um Deus. Ele se encontra autorizado a dizer:

"eu sou a lei", "eu sou a verdade", "o caminho", "eu sou a vida". Tem Hobbes onde se inspirar: – "Eu sou o caminho, e a verdade, e a vida; ninguém vem ao Pai, senão por mim" (João) –, afinal de contas, ele mesmo, ao escrever o seu *contrato* político, inspirou-se no modelo de um Estado Eclesiástico: *Leviatã – ou matéria, forma e poder de um Estado eclesiástico e civil*. "Todo homem se submete às autoridades constituídas, pois não há autoridade que não venha de Deus, e as que existem foram estabelecidas por Deus. De modo que aquele que se revolta contra a autoridade, opõe-se à ordem estabelecida por Deus. E os que se opõem atrairão sobre si a condenação. Os que governam metem medo quando se pratica o mal, não quando se faz o bem. Queres então não ter medo da autoridade? Pratica o bem e dela receberás elogios, pois ela é instrumento de Deus, para te conduzir ao bem. Se, porém, praticares o mal, teme, porque não é à-toa que ela traz a espada: ela é instrumento de Deus para fazer justiça e punir quem pratica o mal. Por isso é necessário submeter-se não somente por temor do castigo, mas também por dever de consciência. É também por isso que pagais impostos, pois os que governam são servidores de Deus, que se desincumbem com zelo do seu ofício. Daí a cada um o que lhe é devido: o imposto a quem é devido; a taxa a quem é devida; a reverência a quem é devida; a honra a quem é devida" (Paulo – *Romanos*). A única diferença entre o Deus de Hobbes, do Deus de Abraão, é a sua natureza mortal. O Deus civil, mesmo que mortal, divinizou-se, encontra-se acima de todos os mortais, tornou-se o senhor absoluto de todas as almas. Em busca de segurança e proteção, visando preservar a sua vida, seu bem maior, o homem cedeu a sua humanidade, escolheu ser escravo de um Deus por ele forjado.

Ao longo da história, com diferentes composições e justificativas, os homens foram construindo os seus tiranos, buscando um cuidador, transferindo para ele todos os seus direitos. No Estado absolutista de Hobbes, a partir de um contrato, o homem diz: "Eu autorizo e cedo o direito de governar a mim mesmo a este Homem, ou a esta Assembleia de homens, com a condição de que você também ceda seu direito e, da mesma forma, autorizo todas as ações dele.

Feito isso, a multidão unida em uma só pessoa a ser chamada de Estado, em Latim CIVITAS. Assim nasce o grande LEVIATÃ, ou melhor (de forma mais reverente), o Deus Mortal, a quem devemos, depois do DEUS Imortal, a nossa paz e nossa defesa. Pois ela passa a ter tanto poder e força, por essa autoridade conferida a ele por cada um dos indivíduos do Estado, que o medo do povo o permite consolidar as vontades de todos, objetivando a paz doméstica e a ajuda mútua contra os inimigos estrangeiros. Ele é a essência do Estado, que pode ser definido da seguinte forma: "Pessoa única, cujos atos têm o povo – por meio de pactos mútuos de uns com os outros – como autor. Os pactos instituem que a pessoa única pode utilizar a força e os meios de cada indivíduo, conforme seja necessário para a defesa e a paz comuns" (Hobbes – *Leviatã*).

Não importa a qual senhor o homem serve, não importa a sua natureza, se humana ou divina, o que interessa é a constatação de que a afirmação de um homem sobre um outro homem é a negação do homem, é a completa destituição de sua dignidade, de sua humanidade. Todo aquele que assume a responsabilidade de libertar o homem torna-se, automaticamente, o seu senhor. O libertador cobrará um alto preço pelo serviço prestado. Seu preço é a alma do libertado. O libertador de hoje é o tirano de amanhã. O libertado de hoje é o escravo de amanhã. "... na verdade, o que é aproximar-se do tirano senão afastar-se cada vez mais da liberdade e, por assim dizer, abraçar e apertar com as duas mãos a servidão?" (Étienne – *Discurso...*). "Muitos por covardia e tolice abrem os portões para os inimigos e voluntariamente os recebem com reverência e submissão como se fossem seus soberanos legítimos" (Hume – *Investigação acerca do entendimento humano*).

É preciso cuidado, manter o espírito atento, desperto, para se defender de todo aquele que insiste em se anunciar como o seu salvador. Étienne, indicando que não se deve confiar no tirano, cita a passagem da fábula *A raposa e o leão*, de Esopo, na qual, a raposa, desconfiada das "boas intenções" do leão, recusa-se a visitá-lo. Diz a *raposa*: "iria com muito prazer visitá-lo em sua caverna. Mas vejo muitos rostos de animais entrando e nenhum que indique que tenho saído" (*Discurso da servidão...*). Não se deve confiar nas palavras do tirano, ele não tem responsabilidade como a verdade, seu papel não é de esclarecimento, ao contrário, ele precisa que o homem se engane, ele precisa de sua ignorância, é dela que nasce a densidade do seu corpo político. Um tirano não muda, não deixará de ser o que é: tirano. Ele não é um pai, um esposo, um parente, um amigo, um igual..., não, ele é um tirano, do amanhecer ao anoitecer, acordado ou dormindo, sempre um tirano. Ser tirano é a sua natureza. "Certamente, o tirano nunca ama e nunca é amado [...] Não pode haver amizade em que se encontrem a crueldade, a deslealdade, a injustiça. Quando os maus se reúnem há uma conspiração, não uma sociedade. Não se amam, mas se temem. Não são amigos, mas cúmplices" (Étienne de La Boétie – *Discurso da servidão voluntária*). Suas promessas são falsas. Para conquistar a alma do homem, ele se torna um ardiloso ludibriador. Promete tesouros que ele não tem para entregar. Todo o seu jogo de sedução tem um único objetivo: escravizar o homem, torná-lo seu adorador. "E o Diabo, levando-o a um alto monte, mostrou-lhe num momento de tempo todos os reinos do mundo. E disse-lhe o Diabo: – Dar-te-ei todo este poder e a sua glória, porque a mim me foi entregue e dou-o a quem quero; portanto, se tu me adorares, tudo será teu. E Jesus, respondendo, disse-lhe: – Vai-te, Satanás; porque está escrito: adorarás o Senhor teu Deus e só a Ele servirás" (Lucas). No Livro *VIII*, da *República*, Platão, por meio de Sócrates e Adimanto, quando se encontra analisando as diversas formas de governo, volta a sua reflexão para indicar a natureza do tirano. "Sócrates – Quanto àquele protetor do povo [...], depois de derrubar muitos outros, mantém-se de pé no carro da cidade e, de protetor que era, é agora um perfeito tirano. Adimanto – Por que seria diferente? Disse. – Examinemos agora, disse eu, a felicidade do homem e da cidade em que nasce um mortal desse gênero! – Sim! Disse. Examinemos! – Será que, nos primeiros dias e numa primeira fase, [...] falei, ele não sorri para todos e não saúda a todos com quem se encontra e não afirma que não é tirano e faz muitas promessas, em particular e em público, libera das dívidas, distribui terras ao povo e aos que o cercam e faz-se de benévolo e afável com todos? [...] Como diz o provérbio, o povo ao fugir da fumaça da escravidão teria caído dentro da fogueira do despotismo dos escravos e, em troca daquela liberdade grande e intempestiva, assumiu a servidão mais dura e amarga, a submissão a escravos. – É bem assim, disse, que isso se dá".

Por que os tiranizados aceitam os tiranos? Étienne de La Boétie, ainda muito jovem, aos 18 anos, escreveu um panfleto, intitulado: *Discurso da servidão voluntária*, que teve grande repercussão na história do pensamento político, no qual busca compreender o fenômeno da servidão, não na perspectiva do tirano, mas sim na perspectiva do tiranizado. Ao longo da história, todos os teóricos da política refletiram o fenômeno da servidão tendo o tirano como referência. Buscam responder a esta pergunta: como o tirano constrói o tiranizado? Invertendo o vetor hermenêutico, La Boétie quis saber: como nascem os tiranos? Como é construído o seu corpo político? Como, e por que, os tiranizados se deixam tiranizar? "Por enquanto, gostaria somente de entender como tantos homens, tantos burgos, tantas cidades e tantas nações suportam às vezes um tirano só, que não tem mais poder do que o que lhe dão, que só pode prejudicá-los enquanto quiserem suportá-lo e que só pode fazer-lhes mal se eles preferirem tolerá-lo a contradizê-lo. Coisa realmente admirável, porém tão comum, que deve causar mais lástima que espanto, ver um milhão de homens servir miseravelmente e dobrar a cabeça sob o jugo, não que sejam obrigados a isso por uma força que se imponha, mas porque ficam fascinados e por assim dizer enfeitiçados somente pelo nome de um, que não deveriam temer, pois ele é um só, nem amar, pois é desumano e cruel com todos". Diante de tal constatação, Lá Boétie pergunta: "[...] ó Deus, o que pode ser isso? Como diremos que isso se chama? Que desgraça é essa? Porque vício, e vício horrível, vemos um grande número de pessoas não só obedecer, mas servir, não ser governados, mas tiranizados, sem possuir bens, nem pais, nem filhos, nem sequer a sua própria vida? Sofrendo as rapinas, as truculências e as crueldades, não de um exército, não de uma horda de bárbaros contra os quais cada um deveria arriscar o sangue e a vida para defender-se, mas de um só. Não de um Hércules ou de um Sansão, mas de um homenzinho só, muitas vezes mais covarde e efeminado da nação, não acostumado à poeira das batalhas, mas a muito custo areia dos torneios, não só incapaz de comandar os homens pela força, mas ainda de servir de maneira indigna à menor mulherzinha". O que leva o homem a aceitar a servidão? Por que os homens não reagem e servilmente aceitam esse estado de inferioridade, esse estado de não ser? Seria por covardia? "[...] quando vemos, não cem, não mil homens, mas cem países, mil cidades, um milhão de homens se absterem de atacar aquele que trata a todos como servos e escravos, que nome poderemos dar a isso? Será covardia? Todos os vícios têm naturalmente um limite, além do qual não podem passar. Dois homens, e mesmo dez, podem ter medo de um só. Mas que mil, um milhão, mil cidades não se defendam de um só homem certamente não é covardia, pois ela não chega a esse ponto, assim como a valentia não exige que um só homem escale uma fortaleza, ataque um exército, conquiste um reino. Então, que vício monstruoso é esse, que não merece sequer o título de covardia, que não encontra nome suficientemente indecoroso, que a natureza se nega a conhecer e a língua se recusa a pronunciar?" (Lá Boétie – *Discurso da servidão voluntária*). O próprio Lá Boétie indica as técnicas que o homem deve usar para destronar o tirano. "Não é preciso combater nem derrubar esse tirano. Ele se destrói sozinho, se o país não consentir com sua servidão. Nem é preciso tirar-lhe algo, mas só não lhe dar nada. O país não precisa esforçar-se para fazer algo em seu próprio benefício, basta que não faça nada contra si mesmo". "Basta não lhes dar nada e não lhe obedecer, sem combatê-los ou atacá-los, e eles ficam como nus e são derrotados, e não são mais nada, assim como o ramo que, não tendo mais sumo nem alimento em sua raiz, seca e morre". E o que impede que tal atitude ocorra? Por que o homem, a cidade e a nação continuam transferindo para um outro homem, aquilo que ele tem de maior valor, a sua liberdade, a sua dignidade? Se ele é livre para se tornar homem, por que escolhe – voluntariamente – sacrificar a sua natureza, tornando-se escravo? "[...] os próprios povos que se deixam, ou melhor, que se fazem maltratar, pois seriam livres se parassem de servir. É o próprio povo que se escraviza e se suicida quando, podendo escolher entre ser submisso ou ser livre, renuncia à liberdade e aceita o jugo; quando consente com seu sofrimento, ou melhor, o procura". Portanto, a força do opressor, do tirano, não se encontra nele mesmo, ela é só a somatória das transferências de poderes que lhes foram feitas pelos seus cúmplices: os oprimidos. Inverte-se assim o processo, não é o tirano que forja o tiranizado, mas, o que de fato ocorre, é o contrário: o tiranizado constrói o seu tirano. Assim, ao fim e ao cabo, os tiranizados, transferindo para um Senhor todos os seus direitos, suas pernas, seus braços, seus olhos, seus ouvidos – no limite, seu corpo inteiro, acompanhado de sua liberdade e de sua dignidade –, acabam por construir o seu tirano absoluto, um grande *Leviatã*, o seu tirano ideal. O resultado deste processo de transferência é que o tirano se torna à imagem e semelhança de seus criadores, dos tiranizados. Ao final da caminhada, o tiranizado orgulha-se de sua criação, ele se reconhece nela. "Então Deus disse: Façamos o homem à nossa imagem e semelhança. Que ele domine os peixes do mar, as aves do céu, os animais domésticos, todas as feras e todos os répteis que rastejam sobre a terra" (*Gênese*).

A sociedade é constituída de uma multiplicidade de tiranos particulares, que, juntos, constroem um tirano absoluto. Diante desse estado servil, no qual o homem, renunciando a sua dignidade, desumanizou-se, aceitando viver uma vida bestializada e miserável, La Boétie questiona: "Isso é ser feliz? Chama-se isso viver? Há algo no mundo mais insuportável? E não digo apenas para um homem honrado, não digo só para um homem bem-nascido, mas para qualquer um com bom senso ou, ao menos, com aparência de homem. Que condição é mais miserável do que viver assim, sem ter nada que lhe pertença, recebendo de outrem seu conforto, sua liberdade, seu corpo e sua própria vida?" (*Discurso da servidão voluntária*).

Até quando o homem manter-se-á na condição de escravo? Contrariando o que diz Aristóteles, o escravo não nasceu escravo, tornou-se escravo. "A força constituiu os primeiros escravos, a covardia os perpetuou" (Rousseau – *Contrato social*). Habituando-se à sua alma servil, por ignorância, fez dela sua condição natural, já não se reconhece fora dela. Perdeu a consciência de si, sendo escravo, tornou-se uma consciência dependente. "É incrível ver como o povo, quando é submetido, cai de repente num esquecimento tão profundo de sua liberdade, que não consegue despertar para reconquistá-la. Serve tão bem e de tão bom grado que se diria, ao vê-lo, que não só perdeu a liberdade, mas ganhou a servidão". "[...] É verdade que no início serve-se obrigado e vencido pela força. Mas os que vêm depois servem sem relutância e fazem voluntariamente o que seus antepassados fizeram por imposição. Os homens nascidos sob o jugo, depois alimentados e educados na servidão, sem olhar mais à frente, contentam-se em viver como nasceram e não pensam que têm outros bens e outros direitos a não ser os que encontraram. Chegam finalmente a persuadir-se de que a condição de seu nascimento é a natural" (La Boétie – *Discurso da servidão voluntária*). Não joga fora a roupa que lhe vestiram, ela tomou a forma do seu próprio corpo, de sua alma, de sua dignidade, de todo o seu ser. Este estado de alienação, no qual se ignora, não se reconhece nele, cria as condições adequadas para que a sua alma servil seja construída e perpetuada ao longo do tempo. Então, o homem, como que afetado por um estado de transe, agindo como zumbi, um morto vivo, destituído de sua dignidade, perde sua capacidade crítica de pensar, de entender como a ordem do real é forjada, sua razão não alcança a trama na qual a sua servidão foi urdida. Sendo escravo, não se reconhece como tal. Não sendo senhor de suas ações, fazendo suas escolhas fora da chancela de sua razão, sem o saber, tornou-se um escravo, mas não assume esse ato como de sua responsabilidade, ao contrário, busca, fora de si, quase sempre no universo da natureza ou nas fantasias de suas superstições, o lugar onde ergue a morada de sua alma servil. "Depois dessas palavras, ele disse que aquele a quem coubera o primeiro lugar avançou e escolheu a mais pesada tirania e, por insensatez e cobiça, fez sua escolha sem dar atenção bastante a todas as circunstâncias. Ao contrário, não viu o que o destino lhe reservara: devoraria seus próprios filhos e ainda sofreria muitos males. Depois, porém, que teve tempo para refletir, batia no peito, lamentava a escolha feita, sem manter-se fiel ao que tinha sido dito pelo profeta. Ele não atribuía a si mesmo a responsabilidade pelas desgraças, mas à sorte, aos demônios; e a tudo o mais; nunca, porém, a si mesmo" (Platão

– *A república*). Enquanto o escravo permanecer nesse estado de nulidade, de não ser, de ser para um outro que não ele próprio, não conquistará a sua liberdade, não resgatará a sua dignidade. Não será o seu próprio senhor. Aqui, deve se acentuar que, se o homem foi o responsável por construir a sua servidão, a ele, unicamente a ele, caberá à responsabilidade de sua desconstrução. "Tudo que os homens fizeram os homens podem destruir; não há caracteres indeléveis senão aqueles que a natureza imprime, e a natureza não faz nem príncipes, nem ricos, nem grandes senhores" (Rousseau – *Emílio*). A liberdade não é uma condição determinada pela natureza, tampouco é uma concessão da sociedade civil, ela é o resultado de uma luta mortal, travada entre os homens, em busca da superação de suas faltas, da conquista dos seus desejos, no limite, uma luta mortal em busca de reconhecimento. Cada homem, em particular, trará para si a responsabilidades de travar essa luta reparadora de seu ser, restaurando o seu ser fissurado, desalienando-se, recompondo a sua unidade ôntica, fazendo-se um ser por inteiro, sob o seu total domínio. Renunciar a esse direito é renunciar à sua natureza humana, no limite, bestializar-se, tornando-se um ser de segunda classe, um ser não reconhecido: *um não ser*. O homem, enquanto *consciência de si*, não pode esperar que a sua liberdade lhe seja restituída por aquele que o escravizou. Se perdeu a sua liberdade para outro, esse outro se tornou o seu senhor e, por vontade própria, jamais o libertará. Sua condição de ser, de existir, afirmando-se como senhor, é tê-lo como escravo. O senhor só existe porque um outro ser, que não ele, o reconhece como tal. Do mesmo modo, o escravo só existe porque existe um senhor que o reconhece e o determina como tal. Um não existe sem o outro. Estabeleceu-se, entre eles, uma relação de dependência. Em certa medida, o senhor tornou-se dependente do escravo. Libertar o escravo é renunciar a sua identidade, e destituir-se de seu próprio ser. Não há senhor se não há escravo. A morte de um, implicaria, necessariamente, a morte do outro. Da mesma forma que o escravo se encontra dependente do senhor, pela servidão, o senhor se encontra dependente do escravo, pelo reconhecimento. Um é a condição existencial do outro. Trava-se aqui uma luta mortal por reconhecimento. O reconhecido é a afirmação do ser, o senhor; o que reconhece é a negação do ser, o escravo. A liberdade do escravo não será mediada pelo senhor, essa é uma conquista de sua inteira responsabilidade. Cabe a ele, unicamente a ele, recompor a unidade faltosa do seu ser, trazendo de volta a sua alma, a sua dignidade que se encontra alienada a um outro homem que ele o reconheceu como o seu senhor. No limite, a conquista da liberdade do escravo, a restauração de seu ser, de sua dignidade, passa, necessariamente, pela morte do senhor. É sobre o túmulo do senhor que o escravo conquista a sua liberdade. Segundo Hegel, na *Fenomenologia do espírito*, "[...] o homem que quer fazer-se reconhecer por um outro homem não quer de forma alguma reconhecê-lo. Se conseguir seu intento, o reconhecimento não será, portanto, mútuo e recíproco: ele será reconhecido, mas não reconhecerá aquele que o reconhece". Livre será o homem que, vencida a luta, conquistou o direito ao reconhecimento. Nessa luta, cada um, em defesa da sua afirmação sobre o outro, coloca a sua vida em risco. É no limite da morte que o homem conquista o direito de ser senhor ou escravo. O escravo será aquele que, diante do risco de morte, para preservar a sua vida, renuncia ao combate. Antes dessa luta mortal, nenhum homem é senhor ou escravo. A derrota identificará o escravo, a vitória, o senhor. "O indivíduo que não arriscou a vida pode bem ser reconhecido como pessoa; mas não alcançou a verdade desse reconhecimento como uma consciência-de-si independente" (Hegel – *Fenomenologia do espírito*). Mesmo correndo o risco de morte, o homem que deseja conquistar ou (re)conquistar a sua dignidade, para se tornar, de fato, um homem, não pode renunciar à luta, terá que, no limite da morte, conquistar o direito de restaurar a sua liberdade, a sua humanidade, tornando-se senhor de si mesmo. "Nunca é alto o preço a se pagar pelo privilégio de pertencer a si mesmo" (Nietzsche). A vitória do homem, a reconquista de sua dignidade, passa pela conquista de seu esclarecimento. Se a ignorância conduziu o homem à servidão, só a posse do conhecimento o libertará. A transição entre a consciência bestial e a consciência de si, passa, obrigatoriamente, pelo território da razão. Só a partir da conquista da razão, o homem conquistará a sua liberdade. Não há liberdade na ignorância. Diz Lá Boétie: "[...] os livros e a doutrina dão aos homens, mais que qualquer outra coisa, o sentido e o entendimento para se reconhecerem e odiar a tirania" (*Discurso da servidão voluntária*). Francis Bacon, por todo o seu percurso intelectual, não se cansa de repetir a tese segunda a qual "O conhecimento é em si mesmo um poder!". Rousseau, que tão bem tramou o conceito de "esclarecimento", indica que o que diferencia o homem da besta, é a consciência de sua liberdade: "A natureza manda em todos os animais, e a besta obedece. O homem sofre a mesma influência, mas considera-se livre para concordar ou resistir, e é sobretudo na consciência dessa liberdade que se manifesta a espiritualidade de sua alma" (*Discurso sobre a origem...*). Descartes, bem antes de Rousseau, já reconhecia a afirmação da razão como o primeiro fundamento de todo o esclarecimento. É a razão a única referência emancipadora do homem. É por meio do bom uso do *cogito* que o homem se torna senhor de si, e, no limite, senhor do mundo. "Observo em nós apenas uma única coisa que pode nos dar justa razão para nos estimarmos, a saber: o uso de nosso livre-arbítrio e o domínio que temos sobre nossas vontades. Pois as ações que dependem desse livre-arbítrio são as únicas pelas quais podemos com razão ser louvado ou censurado, e ele nos torna de alguma forma semelhantes a Deus ao fazer-nos senhores de nós mesmos, desde que por covardia não percamos os direitos que nos dá" (*As paixões da alma*).

Só o pleno exercício do pensamento pode resgatar o homem do frio pântano onde habitam as bestas-feras. "Os brutos animais que apenas possuem o corpo para conservar ocupam-se continuamente na procura de alimentos; mas os homens, cuja a parte principal é o espírito, deveriam empregar os seus principais cuidados na procura da sabedoria, que é o seu verdadeiro alimento" (Descartes – *Princípios da filosofia – Carta prefácio*). Ulisses, em visita ao inferno, ouve essas palavras de Aquiles: "Ora não me venhas, solerte Odisseu, consolar-me da morte, pois preferiria viver empregado em trabalhos do campo sob um senhor sem recursos, ou mesmo de parcos haveres, a dominar deste modo nos mortos aqui consumidos" (*Odisseia*, XI).

Aquiles renunciaria o seu reinado no mundo da ignorância, mundo dos mortos, para ser um simples servo no mundo do esclarecimento, onde habitam os seres vivos. Segundo Spinoza, os afetos tocam o nosso ser de forma positiva ou negativa. "Por afeto compreendo as afecções do corpo, pelas quais sua potência de agir é aumentada ou diminuída, estimulada ou refreada, e, ao mesmo tempo, as ideias dessas afecções" (Spinoza – *Ética*). O afeto mais potente, positivamente falando, é o conhecimento, a ignorância é o seu contrário. Como consequência, o conhecimento é causa de alegria – amplia o nosso ser; a ignorância é causa de tristeza, diminui o nosso ser. O conhecimento torna-se o mais potente dos afetos, pois, somente por meio dele, o homem pode tornar-se um ser plenamente livre. Spinoza constatou: "Quanto mais esforçarmos por viver sob a condução da razão, tanto mais nos esforçamos por depender menos da esperança e por nos livrar do medo; por dominar, o quanto pudermos, o acaso; e, por dirigir nossas ações de acordo com o conselho seguro da razão" (*Ética*). Cabe ao homem exercer a sua vida em busca dos afetos positivos, evitando os negativos. Não devemos esquecer que Platão, em seu livro, *A república*, indicou que só o conhecimento é capaz de salvar a cidade, conduzindo-a para a morada do verdadeiro bem, lugar onde o homem pode gozar da mais plena felicidade. A tarefa do filósofo é pedagógica, cabe a ele a responsabilidade de educar a cidade, prepará-la para ser administrada por uma razão esclarecida.

Segundo Descartes, a partir do exercício do pensamento, é possível identificar o desenvolvimento de uma sociedade. Quanto mais educação, mais cidadania. Só por meio desta, é possível uma sociedade igualitária, na qual a desigualdade seja a mínima possível, ou nenhuma. Na *Carta prefácio*, Descartes faz um elogio à filosofia, indicando sua importância para o bom desenvolvimento da sociedade. "[...] uma nação é tanto mais civilizada e polida quanto melhor os seus homens filosofarem. Assim, o maior bem de um Estado é possuir verdadeiros filósofos". Diz Espinosa: "[...] assim como no estado natural o homem mais potente e que mais está sob jurisdição de si próprio é aquele que se conduz pela razão, assim também a cidade mais potente e mais sob jurisdição de si própria será aquela fundada e dirigida pela razão. Com efeito, o direito da cidade determina-se pela potência da multidão que é conduzida como que por uma só mente. Porém esta união de ânimos não pode de maneira nenhuma conceber-se, a não ser que a cidade se oriente maximamente para o que a sã razão ensina ser útil a todos os homens" (*Tratado político*).

Quando Descartes trata da filosofia como um *Bem* do Estado – mesmo Platão –, em seu sentido mais amplo, está falando da busca do conhecimento, em todos os campos do saber. Sendo ele um pensador do século XVII, ainda vivenciava um período histórico no qual quase que a totalidade do conhecimento produzido pelo homem era identificado como Filosofia. Só mais tarde, a ciência conquistará a sua identidade, demarcando o seu território epistemológico, abandona o indeterminado, o universal da filosofia, particulariza-se, especializando-se. O todo foi dividido em partes, cada parte tornou-se objeto de uma ciência particular. Ao tornar-se independente da filosofia, habitando seus universos particulares, a ciência tornou-se *as ciências*, pluralizou-se na mesma proporção em que os campos de suas práticas foram se multiplicando. "Em si, o pensamento é livre, mas, geralmente, se apresenta em alguma forma, é um pensamento determinado, particular... Só a filosofia é o pensamento livre, indeterminado. Nas outras produções do espírito, o pensamento deve estar ligado a um objeto e a um conteúdo determinado, de modo que apareça como objeto limitado" (Hegel – *Lições sobre a história da filosofia*). A filosofia, por sua vez, seguiu o seu curso histórico, deixou de albergar todos os saberes, voltou à sua identidade originária: uma espécie de meta-saber, um saber metafísico. Ou, como já indicava Aristóteles: "um saber pelo saber"; "um saber pelas causas"; "um saber sobre todas as coisas". Todo o saber torna-se objeto do pensar filosófico, sem que este se torne prisioneiro de nenhum saber particular. A filosofia nasceu fabricando os conceitos, ao longo dos tempos, apesar de todos os ataques que foram em sua direção, ela ainda não deixou de ser uma metafísica, não deixou de ser um saber que, em seu livre voo, contempla o universal. "A experiência mostra-nos efetivamente que, para conhecermos com clareza um dado objeto, é indispensável que nos libertemos da nossa realidade física e observemos as coisas em si mesmas, pelo simples intermédio da alma. E então sim, ser-nos-á dado, ao que parece, alcançar o alvo das nossas aspirações, essa sabedoria de que nos dizemos amantes..." (Platão – *Fédon*).

Não importa a especificidade do saber, não importa sua extensão ou natureza, seu campo epistemológico, o que importa é ter a consciência de que o saber, a posse do conhecimento, é o único meio pelo qual a cidade pode alcançar a sua emancipação, pode conquistar o seu esclarecimento. Não há civilização fora da cidade. A alma da cidade é o saber que ela é capaz de produzir. Fora do saber, só resta a barbárie. Quanto mais saber produz a cidade, mas desenvolvida ela é, mais distante da barbárie encontram-se os seus habitantes. Segundo Platão, *o Bem Ideal*, aquele que se torna referência, modelo para todos os outros bens, é um bem universal, um bem que alcança o universal, antes do particular, alcança a cidade, antes dos indivíduos. Se o todo é alcançado pelo bem, todas as partes que o compõem também o são. Esse *Bem* ideal só se torna cognoscível à ordem da razão. Sua verdade não se deixa ver imediatamente, só com muito sacrifício, com um trabalho árduo da *episteme*, é possível tirar os seus véus, contemplar face a face a sua essência. A conquista desse bem se torna a causa originária para todos os outros bens, privados ou públicos. Diz Sócrates a Glaucon: – "[...] eis o que penso. No mundo cognoscível, vem por último a ideia do bem que se deixa ver com dificuldade, mas, se é vista, impõe-se a conclusão de que para todos é a causa de tudo quanto reto e belo e que, no mundo visível, é ela quem gera a luz e o senhor da luz e, no mundo inteligível, é ela mesma que, como senhora, propicia verdade e inteligência, devendo tê-la diante dos olhos quem quiser agir com sabedoria na vida privada e pública" (Platão – *A república*). De todos os bens, o primeiro que deve ser buscado pela cidade é o conhecimento. Ele é a causa originária de todas as virtudes. Só a partir da educação é possível formar o cidadão, é possível a construção de uma cidade virtuosa. "[...] a educação a que nos referimos é o treinamento desde a infância na virtude, o que torna o indivíduo entusiasticamente desejoso de se converter num cidadão perfeito, o qual possui a compreensão tanto de governar como a de ser governado com justiça [...]; enquanto seria vulgar, servil e inteiramente indigno chamar de educação uma formação que visa somente à aquisição do dinheiro, do vigor físico ou mesmo de alguma habilidade mental destituída da sabedoria e justiça [...] aqueles que são corretamente educados se tornam, via de regra, bons, e que em caso algum a educação deve ser depreciada pois ela é o primeiro dos maiores bens que são proporcionados aos melhores homens [...]" (Platão – *As leis*).

Nenhum homem, deste ou de um outro mundo qualquer, tem o direito de antecipar-se à verdade de um outro homem, impondo-lhe a sua verdade como a única possível, a única que, seguida com fé e devoção, conduz à salvação. Agir assim é agir como um tirano. O tirano não suporta o livre exercício do pensamento. Nada o assusta mais que uma razão desperta e crítica. Não medirá esforços para silenciar a voz da razão. Vários são os recursos que o tirano recorre para controlar as mentes e as almas dos homens. Entre tantos, dois estão sempre presentes em seus *modus operandi*: a censura e a política do pão e circo. Por meio da censura, seleciona a arte que pode ser vista, o livro que pode ser lido, a música que pode ser ouvida, os valores que devem ser cultuados, o gozo que deve ser gozado, tudo passa a ser controlado por esse ser supremo que assume a responsabilidade de determinar como os homens devem agir e pensar, em todas as esferas: públicas ou privadas; o segundo é a política do "pão e do circo". Cézar, na velha *Roma*, quando o povo se encontrava agitado, indicando algum movimento sísmico no corpo social, recomendava: – "Dê pão e circo" para o povo, logo eles se acalmarão. "O teatro, os jogos, as farsas, os espetáculos, os gladiadores, os animais ferozes, as medalhas, os quadros e outras drogas semelhantes eram para os povos antigos a isca da servidão, o preço de sua liberdade, os instrumentos da tirania. Os tiranos antigos empregavam esses meios, essas práticas, esses atrativos para entorpecer as mentes de seus súditos sob o jugo. Assim os povos, embrutecidos, achando belos esses passatempos, entretidos por um prazer vão que passava rapidamente diante dos seus olhos, acostumavam-se a servir tão ingenuamente, até pior, quanto as criancinhas que aprenderam a ler vendo as imagens brilhantes dos livros coloridos" (La Boétie – *Discurso da servidão...*). Nos nossos dias, os dirigentes, não com pouca frequência, recorrem a essa estratégia política, buscando os mesmos resultados alcançados na antiguidade. O que mudou foram as modalidades tecnológicas usadas como processo de alienação, como forma de evitar que o povo exerça o seu livre pensamento. Não por uma livre escolha, mas simplesmente por ignorância, resultado de uma razão ainda infantilizada, que não alcançou a sua maioridade, prisioneiro do particular, não é capaz de olhar o mundo conceitualmente, aceita passivamente que o mundo do simulacro adormeça, entorpeça o seu espírito. Aguardam que o horrendo show da vida lhe seja apresentado, por meio das Tvs, dos grandes espetáculos – inclusive os esportivos –, geralmente com artistas populares, encarregados de produzirem uma "arte", se é que assim possa ser chamada – pobre conceitualmente, beirando a uma protorracionalidade, muito mais voltada para atender às demandas dos sentidos, ao movimento do corpo, aos desejos dos instintos, do que às exigências da razão –, das igrejas, sempre prestimosas em aliarem-se ao Estado, contribuindo, com suas eficientes táticas históricas, para o processo de alienação do povo. Desse território não nasce o homem livre. Como "zumbi", anda, mas sem direção. Não é um cidadão. A coisa pública não lhe pertence. A cidade lhe parece estranha. Destituído de cidadania, não se sente responsável pela cidade, não se reconhece nela, recusa-se a participar da vida pública, desdenha da cidade e dos seus valores, torna-se um analfabeto político. De todos os analfabetos, este é o pior: "Ele não ouve, não fala, nem participa dos acontecimentos políticos. Ele não sabe que o custo de vida, o preço do feijão, do peixe, da farinha, do aluguel, do sapato e do remédio depende das decisões políticas. O analfabeto político é tão burro que se orgulha e estufa o peito dizendo que odeia a política. Não sabe o imbecil que da sua ignorância política nasce à prostituta, o menor abandonado e o pior de todos os bandidos que é o político vigarista, pilantra, o corrupto e lacaio dos exploradores do povo" (Bertolt Brecht). Essa espécie de homem é útil aos escravizadores de almas, seus criadores, ampliam a massa de seu rebanho, tornam-se mais fortes e poderosos, mas para cidade o seu efeito é devastador. Contra esse estado de subserviência plena, que apaga a dignidade de um povo, desumaniza uma cidade inteira, alguém tem que dizer: "não, não vou por aí". Alguém tem que insubordinar-se, se necessário, radicalizando-se. Se a filosofia se tornar facilitadora desse levante de consciência, exerce o seu papel de esclarecimento, cumpre a tarefa do filósofo, indicada por Platão no capítulo VII do seu livro *A república*: libertar o homem da escura caverna da ignorância, convidando-o a contemplar o sol.

O exercício do pensamento, enquanto pensa o que pensa, enquanto um saber que ultrapassa o saber fazer, efetivando-se como um saber sobre o saber fazer, um saber conceitual, é uma exigência de qualquer sociedade civilizada. É uma conquista da humanidade, uma conquista civilizatória. É a conquista dessa forma de saber que descola o homem da natureza, elevando-o à categoria do humano. Fora desse campo de saber, nada diferencia o homem dos outros seres que encontram, nos limites da natureza, os seus próprios limites. Todo homem é dotado de razão, ninguém se acha carente de tal bem. Entretanto, "não é suficiente ter o espírito bom, o principal é aplicá-lo bem" (Descartes – *Discurso do método*). Uma razão, sem método, sem direção, tem pouca utilidade. O seu saber não operacionaliza o real, não torna o homem senhor e possuidor da natureza. Seu voo é de pouca altura, seu salto não alcança o conceito, não contempla as estrelas, encontra-se acorrentado ao particular, subordinado ao que os sentidos lhe impõem de forma direta, sem nenhuma mediação. Tornou-se um prisioneiro das sombras. "É o bom uso da razão [...] que nos torna homens e nos distingue dos animais" (Descartes – *Discurso do método*). Todo homem, exercitando-se corretamente, pode alcançar o pleno domínio da razão e, por meio do seu reto uso, tornar-se senhor do saber verdadeiro, das verdades claras e distintas. "[...] com um pouco de habilidade podemos mudar os movimentos do cérebro nos animais desprovidos de razão, é evidente que o podemos ainda melhor nos homens; e que mesmo as pessoas que tem as almas mais fracas poderiam adquirir absoluto domínio sobre todas suas paixões, se empregassem bastante habilidade em treiná-las e dirigi-las" (Descartes – *Paixões da alma*).

"[...] não temerei em dizer que penso ter tido muita felicidade em me haver encontrado, desde a juventude, em certos caminhos, que me conduziram a considerações e máximas, de que formei um método, pelo qual me parece que eu tenha meio de aumentar gradualmente meu conhecimento, e alçá-lo, pouco a pouco, ao mais alto ponto, a que a mediocridade de meu espírito e a curta duração de minha vida lhe permitam atingir" (Descartes – *Discurso do método*). No *Fedro*, no capítulo: *Segundo discurso de Sócrates*, Platão, a partir de um belo mito, narra o grande esforço que tem o piloto (cocheiro) das almas (representadas por uma parelha de cavalos), para adestrar a alma e conduzi-la no reto caminho do conhecimento do bem, que só se revela ao intelecto. "Lembremos que, no princípio da narração deste mito, dividi a alma em três partes, duas correspondentes aos corcéis e, uma terceira, correspondente ao cocheiro. Devemos continuar a ter essa divisão em mente. Disse que um dos corcéis era de boa raça e outro de má raça. Mas agora importa que procuremos saber em que consiste a bondade de um e a maldade de outro. [...] O primeiro, de melhor aspecto, tem um corpo harmonioso e bem lançado, pescoço altivo, focinho arrebitado, pelo branco, olhos negros, desejo de uma glória que faça boa companhia à moderação e à sobriedade. Como é amigo da opinião certa, para ser conduzido, não precisa de ser esporeado, pois basta, para o fazer trotar, uma palavra de comando ou de encorajamento. [...] o segundo, é torto e disforme. Foi criado não sabemos como, tem pescoço baixo, a nunca amarrada, o focinho achatado, a cor negra, os olhos cinzentos, uma compleição sanguínea. Amigo da soberba e da lascívia e a muito custo obedece, depois de castigado com o açoite. O cocheiro, se encontra um objeto digno de ser amado, esse encontro aquece-lhe a alma, enche-a de calor, de pruridos de desejo. O cavalo obediente obedece ao cocheiro enquanto o outro não obedece, nem ao freio nem ao castigo, e move-se, à força, entre obstáculos, embaraçando tanto o cocheiro como o outro corcel, e levando-os para onde ele quer, para o desejo e para a lascívia! Finalmente, ambos os corcéis acabam por se sentir indignados perante a consciência que lhe diz o que é abominável e contrário aos bons costumes, e assim acabam por se deixar conduzir, sem qualquer espécie de relutância, decidindo proceder de acordo com o convite que lhe foi dirigido. Ei-lo no entanto perante o amado! Ambos observam esta aparição ofuscante: é o bem-amado! À sua vista, a lembrança chama o cocheiro para a suprema realidade de Beleza: volta a contemplá-la, acompanhada da Sabedoria, no seu pedestal sagrado! Ao contemplá-la, sente um misto de temor e de amor e refreia a marcha do coche. Com tal violência o faz, que ambos os cavalos acabam por cair: um, o bom, sem retraimento e de boa vontade; o outro, o mau terrivelmente contrafeito. Ao mesmo tempo que ambos se afastam do amado, um deles, acossado pela vergonha e pelo arrependimento, banha de suor toda a alma; enquanto o outro, uma vez passada a dor causada pelo freio e pela queda, faz um enorme esforço de respiração, encoleriza-se e luta contra o cocheiro e contra a sua parelha, por uma questão de indolência, de pusilanimidade, pois desertara do acordo, traindo o compromisso que em comum tinha assumido. E novamente o cocheiro os obriga a aproximar-se, apesar das recusas sucessivas, não lhes concedendo descanso por muito tempo, pois, a breves intervalos, os faz lembrar do amado por eles menosprezados. Finalmente, após essas tentativas, quando se aproximaram, o mau corcel precipita-se para a frente, levanta a cauda, morde o freio e puxa-o para o seu objetivo de maneira despudorada. Neste interim, o cocheiro, ainda mais impressionado do que anteriormente, logo tenta fugir, e, com maior esforço e violência, puxa o cavalo mau para trás, fazendo pressão no freio, provocando-lhe dores e feridas, de onde escorre sangue. Obrigando-o a ir a terra, obriga-o ao sofrimento. Depois de assim ter sido submetido aos castigos sucessivos, o mau cavalo acaba por renunciar à tendência má. A partir de então torna-se humilde, obedecendo ao cocheiro e, sempre que contempla o belo, quase morre de medo! Só a partir deste momento a alma do amante segue, com discrição e pudor, o amado!".

Podem amarrar as mãos de um homem, impedindo-lhe o gesto. Podem atar-lhe os pés, impedindo-lhe o andar. Podem vazar-lhe os olhos, impedindo a vista. Podem cortar-lhe a língua, impedindo a sua fala. O direito ao exercício do pensamento, porém, está acima de todas as violências e repressões, nada pode obstaculizar o seu pleno exercício. "Se assim o quiserem os deuses, se assim o quer a própria natureza humana, parece claro que não há abuso mais abominável que o de tentar impor limitações ao pensamento de qualquer pessoa" (Teócrito – *Pensamentos*). Cabe à cidade criar as condições para que todo homem tenha o direito de pensar e expressar livremente os seus pensamentos. A liberdade de pensamento é um bem da cidade. Preservar o seu livre exercício é preservar o bem supremo que toda cidade esclarecida tem orgulho de ter – e ser: homens livres.

A história já demostrou que todas as suas grandes transformações foram conquistadas por meio das revoluções produzidas pela razão. Seja na *Ágora*, de *Atenas*, nas praças de *Florença*, na *Itália*, ou na *Place de la Bastille*, em *Paris*, é a razão se produzindo, fazendo-se, inventando-se ou se (re)inventando, ocupando, forjando e transformando a realidade. Ao longo da história, toda cidade que buscou se salvar recorreu ao auxílio da razão como o seu fio de Ariadne e, de posse dela, libertou-se de suas trevas, venceu os seus obscurantismos – reais ou imaginários –, construiu suas emancipações, conquistou os seus iluminismos. Só a razão salva a razão. Não há alternativa: ou a sabedoria ou a ignorância, ou as luzes ou as trevas. Spinoza, em *Tratado dos três impostores*, escreve: "Ainda que importe a todos os homens conhecer a verdade, todavia pouquíssimos a conhecem, porque a maioria deles se crê incapaz de procurá-la por si mesmos, ou não quer se dar ao trabalho de fazê-lo. Assim, não admira que o mundo esteja repleto de opiniões vãs e ridículas, nada sendo mais capaz de lhes dar curso do que a ignorância. De fato, é ela a única fonte de falsas ideias que se tem da divindade, da alma, dos espíritos e de quase todos os erros que dela derivam. É um uso que prevaleceu, contentar-se com os prejulgamentos que se carregam desde o nascimento, e consultar pessoas pagas para sustentar as opiniões recebidas e, por conseguinte, interessadas a convencer o povo a respeito delas, sejam verdadeiras ou falsas [...] Se o povo pudesse compreender em qual abismo a ignorância o arremessa, sacudiria logo o jugo dessas almas venais, que, para seu interesse particular, o mantêm nessa ignorância". "[...] O que há de certo é que a reta razão é a única luz que o homem deve seguir, e que o povo não é tão incapaz de usá-la quanto se busca fazê-lo acreditar". Hegel, profundamente afetado pelo esplendor da razão que ilumina o século XVIII, demostra o seu grande entusiasmo em testemunhar, de corpo presente, o Espírito se construindo, a razão fazendo-se história, traçando e tornando-se caminhos por onde caminhará os tempos vindouros. "Senhores! Estamos vivendo uma época importante, um momento de fermentação, em que o Espírito deu um passo à frente, superou sua forma concreta anterior e adquiriu uma nova. Todas o conjunto de ideias e conceitos que vigorou até agora, as próprias relações do mundo, se dissolveram e desmoronaram como num sonho. Prepara-se uma nova edição do Espírito; cabe à filosofia ser a primeira a saudar esse aparecimento e reconhecê-lo, enquanto outros que o procuravam, embora inconscientemente, continuam, numa frágil resistência, agarrados ao passado. Mas a filosofia, ao reconhecer o Espírito como eterno, deve render-lhe homenagem" (Hegel – *Conferência de Iena de 1806 – Introdução à leitura de Hegal* – Alexandre Kojève).

Entre os séculos VI e V a. C, o olhar do mundo se volta para *Atenas*. Ali, naquele momento, está se processando um dos maiores milagres do mundo: a invenção da razão ocidental. Ao cair da tarde do século V a. C., uma razão emancipada pode anunciar ao mundo suas novas conquistas: a ciência, como filosofia ou metafísica, a estética, a ética, o comércio, a moeda, a lógica, a pedagogia, o teatro, a arte de representar, o culto à beleza física, os esportes, a arquitetura, a medicina, a política, a democracia... As conquistas de *Atenas* conquistam o mundo. Suas luzes se espalham por todos os cantos, convidando todos os homens a abandonarem suas cavernas, a construírem sua nova morada onde brilha o sol do conhecimento. *Atenas* era apenas uma cidade, tornou-se uma Escola. Converteu-se em uma *Paideia*, modelo para a educação do Homem. Todos querem ouvir a boa nova que vem daquele canto do mundo. Querem saber como aquela cidade alcançou tal progresso? Que forma de governo era aquela em que um grupo de homens se reúne na praça pública para escolher a melhor forma de a cidade ser governada? Todos querem conhecer as novas técnicas com as quais a cidade e o cosmo estão sendo operacionalizados. O Mundo se encontra espantado, admirado, perplexo com as conquistas daquela cidade. Era a ave de Minerva alçando o seu voo. Era a filosofia se anunciando ao mundo. "Se quisermos proceder ao registro de nascimento da Razão grega, seguir a via por onde ela pôde livrar-se de uma mentalidade religiosa, indicar o que ela deve ao mito e como o ultrapassou, devemos comparar, confrontar com o *background* micênico essa viragem do século VIII ao século VII em que a Grécia toma um novo rumo e explora as vias que lhe são próprias: época de mutação decisiva que, no momento mesmo em que triunfa o estilo orientalizante, lança os fundamentos do regime da Pólis e assegura por essa laicização do pensamento político o advento da filosofia" (J-P Vernant – *As origens do pensamento grego*).

Essa mudança paradigmática trouxe para o homem, ao mesmo tempo, a liberdade e a responsabilidade. O homem livrou-se dos deuses, virou-lhes as costas, traçou seus próprios caminhos. Entretanto essa liberdade lhe impôs uma nova responsabilidade. Agora, o sucesso ou o fracasso do destino da cidade, da gente que nela habita, encontra-se em suas mãos, sob os seus cuidados, sob os seus domínios. O poder dos deuses retirou-se dos templos, mundanizou-se, abandonou o território do sagrado, laicizou-se, foi habitar na praça pública, adquiriu uma nova identidade, tornou-se o poder do povo, o poder do cidadão. A *Ágora* tornou-se o lugar sagrado, o lugar onde se cultua os direitos fundamentais do cidadão: igualdade e liberdade.

Apesar de todos os riscos, dos desvios éticos, do mau uso da oratória que, em muitos momentos esteve muito mais a serviço do engano do que do esclarecimento, o resultado é positivo. A teoria política de Platão e, mais tarde, a de Aristóteles são tentativas de se encontrar uma forma ideal de governar a cidade, transformando-a num lugar adequado para que o homem desenvolva plenamente a sua natureza e encontre a sua felicidade. "[Sócrates] – Cabe, portanto, a nós, *os fundadores do Estado* [...], obrigar os homens de elite a se voltarem para a ciência que há pouco reconhecemos como a mais sublime de todas, para verem o bem e fazerem a subida de que falamos; porém, uma vez chegados a essa região superior e tendo contemplado suficientemente o bem, cuidemos de não lhes permitir o que hoje lhes é permitido. [Gláucon] – O quê? [Sócrates] – Permanecerem lá no alto, respondi, e não mais quererem descer para junto dos prisioneiros, nem participar de seus trabalhos e honrarias mais ou menos apreciáveis. [Gláucon] – Mas então, disse ele, atentaremos contra seus direitos e os forçaremos a levar uma vida mesquinha, quando poderiam gozar de uma condição feliz? [Sócrates] – Esquece outra vez, meu amigo, retomei, que a lei não cuida de assegurar uma felicidade excepcional a uma classe de cidadãos, antes procura realizar a felicidade de toda a cidade, unindo os cidadãos quer pela persuasão, quer pela coação, e levando-os a participar dos serviços que cada classe é capaz de oferecer à comunidade; e que se ela se destina a formar no Estado tais cidadãos não é para deixar que dediquem sua atividade ao que lhes agrada, mas para fazer com que concorram para a fortificação do vínculo do Estado. [Gláucon] – É verdade, disse; havia esquecido. [Sócrates] – Agora, Gláucon, prossegui, observa que não seremos injustos em relação aos filósofos que se formarão entre nós, e que teremos boas razões a lhes dar, para obrigá-los a se encarregar da direção e da guarda dos outros" (Platão – *A república*).

A História encontra-se repleta de discursos laudatórios sobre *Atenas*, mas nenhum melhor representa o espírito daquela cidade, o orgulho daquele povo de ser um cidadão ateniense, do que o discurso proclamado por Péricles. De 440 a 404 a. C., Péricles esteve no poder em *Atenas*. Por meio de seu incentivo, *Atenas* vive uma *época de ouro*, com grandes conquistas em todos os campos. Seu governo durou 36 anos, valeu por um século, assim identificado e reconhecido pelos historiadores da cultura: *o século de Péricles*. Tucídides, historiador grego, mesmo não pensando do mesmo modo desse grande incentivador da democracia, não deixou de espalhar pelo mundo uma magnífica apologia ao "governo do povo, pelo povo e para o povo", sob a forma de um memorável *Discurso fúnebre*, em homenagem aos primeiros atenienses mortos da guerra do *Peloponeso*, creditada sua autoria a Péricles. É quase certo que esse discurso não foi pronunciado por Péricles. Seu autor teria sido o próprio Tucídides, que o escreveu em seu livro: *História da guerra de Peloponeso*. Ao que parece, mesmo não sendo Péricles o autor do discurso, alguns historiadores declaram que Tucídides teria recorrido a alguns discursos de Péricles e, a partir deles, construído o seu próprio discurso. Bem, entre a lenda e o fato, fiquemos com a lenda. Assim, Péricles teria se pronunciado sobre a sua amada cidade: "Vivemos sob uma forma de governo que não se baseia nas instituições de nossos vizinhos; ao contrário, servimos de modelo a alguns ao invés de imitar outros. Seu nome, como tudo depende não de poucos, mas da maioria, é democracia. [...] No tocante às leis todos são iguais para a solução de suas divergências privadas, quando se trata de escolher [...], não é o fato de pertencer a uma classe, mas o mérito, que dá acesso aos pontos mais honrosos; inversamente, a pobreza não é razão para que alguém, sendo capaz de prestar serviços à cidade, seja impedido de fazê-lo pela obscuridade de sua condição. [...] Somos amantes da beleza sem extravagâncias e amantes da filosofia sem indolência. Usamos a riqueza mais como uma oportunidade para agir que como um motivo de vanglória; entre nós não há vergonha na pobreza, mas a maior vergonha é não fazer o possível para evitá-la. [...] Em suma, digo que nossa cidade, em seu conjunto, é a escola de toda a Grécia (ελλάδα) e que, segundo me parece, cada homem entre nós poderia por sua personalidade própria mostrar-se autossuficiente nas mais variadas formas de atividade, com a maior elegância e naturalidade. E isto não é mero ufanismo inspirado pela ocasião, mas a verdade real, atestada pela força mesma de nossa cidade, adquirida em consequência dessas qualidades".

Platão, sem trazer em sua alma o ufanismo de Péricles, tornou-se um dos mais ferrenhos críticos da democracia ateniense, da qual Péricles tanto se orgulhava: "A democracia nasce quando os pobres, depois de ter alcançado a vitória, matam alguns adversários, mandam outros para o exílio e dividem com os remanescentes, em condições de igualdade, o governo e os cargos públicos, e esses são determinados a maioria das vezes por sorteio"; Platão propõe uma República, governada pelos sábios. "Se estás bem lembrado, estabelecemos e muitas vezes dissemos que cada um devia ocupar-se com uma das tarefas relativas à cidade, aquela para a qual sua natureza é mais bem dotada" (Platão – *A república*). Os tiranos não estavam interessados em suas ideias. Era preciso livrar a cidade de suas críticas. Não demora muito, um tirano o venderá como escravo: "[...] quando Platão, conversando (com Dionísio) sobre a tirania, afirmou que seu direito de mais forte era válido somente se Dionísio sobressaísse também em excelência, o tirano sentiu-se ofendido e disse, dominado pela cólera: 'Tuas palavras são as de um velho caduco!' Platão respondeu: 'E as tuas são as de um tirano'. Ouvindo essas palavras o tirano enfureceu-se e de início teve vontade de eliminá-lo; em seguida intervieram Díon e Aristomenes e ele não realizou o seu intento, mas entregou o filósofo ao lacedemônio Pólis, recém-chegado numa embaixada, com ordens para vendê-lo como escravo. Pólis levou-o para *Áigina* e lá o vendeu... [...]. Aníceris de Cirene estava por acaso presente e o resgatou por vinte minas [...]" (Diôgenes Laêrtios – *Vidas e doutrinas dos filósofos ilustres*).

É fato que *Atenas* perdeu o seu brilho, já não vive a idade de ouro, mas pouco importa, a história segue em frente, já não se tem a *Atenas* de antes, entretanto, os bens que nasceram em suas praças, em cada canto de suas ruas, becos, vielas, em cada versos dos contos de Homero: a *Ilíada* e a *Odisseia*, em cada centelha de fogo, roubado dos deuses por Prometeu, no imobilismo de Parmênides, no devir de Heráclito, no conceito, sempre buscado por Sócrates, encontrado por Platão, no mundo das ideias, no realismo moderado de Aristóteles, no ceticismo de Pirro, nas *tragédias* de Sófocles, nas comédias de Aristófanes, no Epicurismo, no Estoicismo... tornaram-se bens eternos, patrimônio cultural da humanidade. As conquistas de *Atenas* transformaram-se em modelos, referências que iluminam os caminhos emancipatórios de todos os homens, em todos os tempos. *Atenas* humanizou o Cosmo. *Atenas* ensinou o homem a ser homem.

Quem exercita o pensamento deve se manter atento, com a alma desperta, para não se tornar prisioneiro das tramas com a quais construiu suas próprias verdades. Como exercício de desapego, recomenda-se não se levar tão a sério, suspeitar de suas próprias conquistas. Nietzsche, em *Para além do bem e do mal*, faz um alerta:

"Moro em minha própria casa, / nunca imitei de ninguém / E ainda ri de todo mestre, / Que não riu de si também". "Depois que cansei de procurar aprendi a encontrar. Depois que um vento me opôs resistência, velejo com todos os ventos" (Nietzsche). O pensador é um andarilho, não tem pousada certa. Nenhuma casa é a sua morada. Seus passos têm caminhos, só caminhos... Tem partidas, não chegadas. Quem deseja filosofar deve ter sempre em mente que a evolução do pensamento se efetiva com as perguntas que são feitas, não com as respostas que são dadas. No limite, pensar é a arte de construir castelos, tendo a choupana como morada. "Cheguei aos quarenta anos flutuando entre a inteligência e a riqueza, entre a sabedoria e o erro, cheio de vícios adquiridos pelo hábito, sem nenhuma má inclinação no coração, vivendo ao acaso, sem princípios bem formados por minha razão e desatento diante de meus deveres, sem os desprezar, mas frequentemente, sem os bem conhecer." (J. J. Rousseau – *Os devaneios do caminhante solitário*). "O campo é onde não estamos. Ali, só ali, há sombras verdadeiras e verdadeiros arvoredos" (F. Pessoa).

Uma razão alerta torna-se crítica de si mesma, não tem medo da dúvida, não tem medo do olhar crítico, não tem medo de se arriscar, perde-se, sem nenhuma garantia de que irá se encontrar. "Quem, em sua existência, não permitiu, uma vez sequer, que tudo estava por fazer, nem sentiu, ao menos em desejo, a audácia de apagar tudo para tudo recomeçar, esse tal não recebeu o batismo metafísico" (G. Gusdorf – *Tratado de metafísica*). Descartes recomenda aos caminhantes fazer uma suspensão de juízo, pôr em dúvida todos os conhecimentos adquiridos, "não aceitar nada como verdadeiro que não possa ser claramente reconhecido como tal, isto é, evitar cuidadosamente a precipitação e o preconceito nos juízos, e não aceitar nada além do que se apresenta à minha mente de maneira tão clara e distinta que não possa duvidar disto" (*Discurso do método*). Platão indica, no *Sofista*, como exercitar o método da crítica para combater as falsas opiniões dos sofistas. Entretanto, recomenda--se a todos, no exercício do pensamento, submeter-se ao uso do martelo crítico, ele tem uma função purgativa, torna a alma sadia para o conhecimento da verdade: "Há, na realidade, um princípio, meu jovem amigo, que inspira aqueles que praticam este método purgativo; o mesmo que diz, ao médico do corpo, que da alimentação que se lhe dá não poderia o corpo tirar qualquer proveito enquanto os obstáculos internos não fossem removidos. A propósito da alma formaram o mesmo conceito: ela não alcançará, do que se lhe possa ingerir de ciência, benefício algum, até que se tenha submetido à refutação e que por esta refutação, causando-lhe vergonha de si mesma, se tenha desembaraçado das opiniões que cerram as vias do ensino e que se tenha levado ao estado de manifesta pureza e a acreditar saber justamente o que ela sabe, mas nada além". "Sócrates – Não percebes Mênon, como ele (o escravo) já está adiantado no caminho da reminiscência? No começo ele não sabia absolutamente qual fosse o lado de um quadrado de oito pés, o que, aliás, ainda ignora. Antes, porém, julgava saber, e respondia com segurança, sem imaginar que havia alguma dificuldade. Agora ele percebeu a dificuldade, e embora não saiba, também não presume que sabe. Mênon – Tens razão. Sócrates – Não se encontra, portanto, agora, em melhores condições, com relação ao assunto que ignorava? Mênon – É também o que eu penso. Sócrates – Assim, colocando-o em dificuldade e deixando-o entorpecido como faz a tremelga, em nada o prejudicamos? Mênon – Acho que não. Sócrates – Pelo contrário; contribuímos de algum modo, ao que parece, para deixá-lo capaz de descobrir como as coisas se passam. Agora ele procurará com satisfação, visto ignorar, ao passo que antes estava certo de que podia discorrer diante de todo mundo e afirmar que para obter um quadrado duas vezes maior bastava dobrar os lados do primeiro. Mênon – Exato. Sócrates – Achas, mesmo, que ele se esforçaria por procurar aprender aquilo que julga saber, porém ignora, antes de ver-se em dificuldade e de adquirir consciência de sua ignorância e de desejar saber? Mênon – Acho que não, Sócrates. Sócrates – Sendo assim, lucrou com o entorpecimento? Mênon – Parece que lucrou" (Platão – *Mênon*).

A filosofia, como um todo, com destaque para alguns dos seus textos em particular, contribui, direta e indiretamente, para esse processo de esclarecimento, para a transição necessária entre a menoridade e a maioridade da razão. A partir do século XVII, iniciando com a conquista da autonomia do *cogito* cartesiano, espalha-se, entre as grandes expressões filosóficas, com algumas divergências, claro, a ideia de que o homem pode conquistar uma vida feliz, desde que subordine todos os seus afetos ao "exame livre da razão". Neste sentido, tendo outra configuração de razão, a ideia de que é por meio da filosofia, do pleno domínio da razão, que o homem pode conquistar o seu esclarecimento, alcançando a plena felicidade, inicia-se com Sócrates. Como veremos, em breve, Sócrates é o primeiro iluminista. Antes de ouvi-lo, vamos a outros exemplos: "[...] o principal uso da sabedoria está em nos ensinar a ser mestre de nossas paixões e a controlá-las com tal destreza que os males que elas possam causar sejam perfeitamente suportáveis e mesmo tornem-se fonte de alegria" (Descartes – *As paixões da alma*). Em defesa de uma razão emancipada, livre e autônoma, a única capaz de conduzir o homem à satisfação e à alegria do espírito, Spinoza, o filósofo da liberdade, conclui o último parágrafo de sua *Ética*: "Dou por concluído, com isso, tudo o que eu queria demonstrar a respeito do poder da mente sobre os afetos e sobre a liberdade da mente. Torna-se, como isso, evidente o quanto vale o sábio e o quanto ele é superior ao ignorante, que se deixa levar apenas pelo apetite lúbrico. Pois o ignorante, além de ser agitado, de muitas maneiras, pelas causas exteriores, e de nunca gozar da verdadeira satisfação do ânimo, vive, ainda, quase inconsciente de si mesmo, de Deus e das coisas, e tão logo deixa de padecer, deixa também de ser. Por outro lado, o sábio, enquanto considerado como tal, dificilmente tem o ânimo perturbado. Em vez disso, consciente de si mesmo, de Deus e das coisas, em virtude de uma certa necessidade eterna, nunca deixa de ser, mas desfruta, sempre, da verdadeira satisfação do ânimo". Schopenhauer, por sua vez, busca uma atividade intelectual imune dos afetos, das paixões, das vontades. Essas são enfermidades que, quando presentes no intelecto, falsificam, turvam, desviam, impedindo que a razão se exerça em sua mais plena liberdade e autonomia. "A fim de vermos que uma apreensão puramente objetiva e, portanto, correta das coisas, só é possível quando as consideramos sem qualquer participação pessoal, ou seja, sob completo silêncio da vontade, tornemos presente para nós o quanto todo afeto ou toda paixão turva e falsifica o conhecimento; sim, como toda inclinação ou aversão, desloca, colore e distorce não apenas o julgamento, mas já a intuição original das coisas" (*O mundo como vontade e representação*). Agora sim, vamos a Sócrates. Diante dos juízes, em sua defesa, *o peripatético* declara preferir *morrer muitas vezes* a renunciar a filosofar. Entre a vida e a verdade, ele, como um bom moralista, escolheu a verdade, melhor dizendo, escolheu filosofar. Uma vida sem o reto uso da razão, sem o exame do espírito, *não é vida, não é digna do ser humano*. O correto uso da razão conduz o homem a um estado de satisfação, de alegria. Sócrates morre feliz. Se durante toda a sua vida, pelos caminhos da reminiscência, ele fez breves visitas à primeira morada de sua alma, agora, é chegada a hora de sua alma voar de volta para casa. Vai ao encontro *do belo em si, do justo em si...* Retorna ao lugar onde habitam os modelos mais perfeitos de todas as coisas. "Sócrates. – [...] considero que o homem que realmente consagrou sua vida à filosofia é senhor de legítima convicção no momento da morte, possui esperança de ir encontrar para si, no além, excelentes bens quando estiver morto!" (Platão – *Fédon*). A filosofia, em si mesma, já é uma preparação para a morte. "[...] quando uma pessoa se dedica à Filosofia no sentido correto do termo, os demais ignoram que sua única ocupação consiste em preparar-se para morrer e em estar morto!" (Platão – *Fédon*). Nesse mesmo livro, um pouco mais adiante, quando trata do *Destino das almas*, Sócrates volta a indicar que "filosofar é aprender a morrer". A morte não lhe assusta, o que ele teme, e temeu por toda a vida, é viver uma vida fora dos limites do esclarecimento, fora dos limites da filosofia. Sócrates sabe que, naquele tribunal, a sua luta não é para salvar a sua própria vida, mas para impedir que a razão seja sacrificada, condenada ao submundo do obscurantismo, à triste danação da ignorância. Naquele tribunal, é a razão que está sendo julgada. Sócrates é o seu advogado. É preciso defendê-la, mesmo que isso implique em risco de morte. A condenação da razão acarretaria em um prejuízo universal, num prejuízo para a própria humanidade. "O caminho da vida, o mais agradável e o mais inofensivo, passa pelas avenidas da ciência e do saber; e, quem quer que possa remover quaisquer obstáculos desta via ou abrir uma nova perspectiva, deve ser considerado um benfeitor da humanidade" (Hume – *Investigação acerca do entendimento humano*).

"Os pérfidos juízes de *Atenas* tiraram a Sócrates o direito de educar os jovens e o direito de viver. Mas foram impotentes para tirar-lhe o direito de pensar, exercido por ele até o último hálito da existência" (Teócrito – *Pensamentos*). Enquanto aguardava na prisão a execução da sua pena, 30 dias foi o tempo de espera, Sócrates ocupava o seu tempo despedindo-se dos seus familiares e compartilhando com os seus amigos suas últimas reflexões filosóficas. Poder-se-ia esperar que este fosse um tempo de muita dor e sofrimento, não só para os familiares e amigos, mas, principalmente, para o filósofo que contava a pressa do tempo em levá-lo à morte. Não foi o que ocorreu. Sócrates se encontra tranquilo, em paz consigo mesmo. Nos seus últimos minutos de vida, enquanto o veneno da morte estava sendo preparado, Sócrates encontrava-se estudando flauta, queria aprender a tocar uma nova ária antes de morrer. Diz Platão: "[...] enquanto estive ao lado de Sócrates minhas impressões pessoais foram, de fato, bem singulares. Na verdade, ao pensamento de que assistia à morte desse homem ao qual me achava ligado pela amizade, não era a compaixão o que me tomava. O que eu tinha sobe os olhos, Equécrates, era um homem feliz: feliz, tanto na maneira de comportar-se como na de conversar, tal era a tranquila nobreza que havia no seu fim. E isso, de tal modo que ele me dava a impressão, ele que devia encaminhar-se para as regiões do Hades, de para lá se dirigir auxiliado por um concurso divino e de ir encontrar no além uma vez chegado, uma felicidade tal como ninguém jamais conheceu! Por isso é que absolutamente nenhum sentimento de compaixão havia em mim, como teria sido natural em quem era testemunha de uma morte iminente. Mas o que eu sentia não era também o conhecido prazer dos nossos instantes de filosofia, embora fosse essa, ainda uma vez, a natureza das nossas conversas. A verdade é que havia em minhas impressões qualquer coisa de desconcertante, uma mistura inaudita, feita ao mesmo tempo de prazer e de dor, de dor ao recordar-me que dentro em pouco sobreviria o momento de sua morte! E todos nós ali presentes, nos sentíamos mais ou menos com a mesma disposição, ora rindo, ora chorando..." (*Fédon*). "Tal foi [...] o fim de nosso companheiro. O homem de quem podemos bendizer que, entre todos os de seu tempo que nos foi dado conhecer, era o melhor, o mais sábio e o mais justo" (Platão – *Fédon*).

O filho do escultor Sofronisco e da parteira Fanerete – "Sócrates – E nunca ouviste falar [...] que eu sou filho de uma parteira famosa e imponente, Fanerete"? (Platão – *Teeteto*), esposo de Xântipe, com quem teve um filho, Lamproclés; casando-se, mais tarde, com Mirtó, com a qual teve mais dois filhos: Sofroniscos e Menêxenos, demostrou, com a sua própria vida, os perigos do exercício da Filosofia. Mesmo vivendo na pobreza, resistiu aos encantamentos do mundo material, resistiu à sedução de toda a forma e glória que o poder, privado ou público, oferece. Tratou com indiferença as agressões físicas, as humilhações e o desprezo público. Dono de um saber esclarecido, senhor de todo o seu deserto, partiu deste mundo em paz, sem nenhuma dívida, nem para com a sua própria consciência, nem para com as leis de *Atenas*, cidade que ele tanto amou, nem para com os deuses: "– *Críton, devemos um galo a Asclépio; não esqueça de pagar essa dívida. – Assim o farei – respondeu Críton*" (Platão – *Fédon*).

Ancorado nesse percurso filosófico, como apoio aos leitores que desejam ir um pouco além, buscamos três textos que estão diretamente relacionados com o processo emancipatório do homem. Ao indicá-los, não temos a intenção de oferecer ao leitor um elixir ao qual ele possa recorrer para curar as enfermidades de sua alma, tampouco um manual que indique, com segurança, como ele deve se libertar dos labirintos de suas cavernas. Quem busca esse manual está condenado ao fracasso. Ele não existe. A tarefa do conhecimento é singular e intransferível. Pensar é um ato solitário. "A tarefa da razão é, antes de mais nada, uma exigência de lucidez: compete a cada homem ordenar, por si, o universo, tirando-o da confusão material, mental e moral, para o fazer transitar do caos ao cosmos" (G. Gusdorf – *Tratado de metafísica*). Cada homem, em particular, deve percorrer seus próprios caminhos, escrever, com as suas próprias dores, sua carta de alforria. "Não somos batráquios pensante, não somos aparelhos de objetivar e registrar, de entranhas congeladas – temos de continuamente parir nossos pensamentos em meio a nossa dor, dando-lhes maternalmente todo o sangue, coração, fogo, prazer, paixão, tormento, consciência, destino e fatalidade que há em nós" (Nietzsche – *A gaia ciência*). Diz Descartes: "Nasci, confesso-o, com um espírito tal que o maior prazer dos estudos para mim sempre constituiu, não em ouvir as razões dos outros, mas em fazer o esforço eu mesmo para descobri-las" (*Regras para a direção do espírito*).

Ao longo da história, nessa mesma direção, muita literatura tem sido produzida, entretanto, por uma questão do limite do espaço, bem como por reconhecer que os textos indicados a seguir, cada um com suas próprias características, incorporando o tempo histórico e cultural no qual foram produzidos, podem contribuir para formar um espírito alerta, crítico, desperto, capaz de se defender contra ataques de qualquer espécie de tirano que venha bater à sua porta, em busca de sua alma. Eis o verdadeiro perigo da filosofia: fazer homens livres.

> [...] enquanto tiver alento e puder fazê-lo, jamais deixarei de filosofar, de vos dirigir exortações, de ministrar ensinamentos em toda ocasião àquele de vós que eu deparar, dizendo-lhe o que costumo: "Meu caro, tu, um ateniense, da cidade mais importante e mais reputada por sua cultura e poderio, não te pejas de cuidares de adquirir o máximo de riquezas, fama e honrarias, e de não te importares nem cogitares da razão, de verdade e de melhorar quanto mais a tua alma?" E se algum de vós redarguir que se importa, não me irei embora deixando-o, mas o hei de interrogar, examinar e confundir e, se me parecer que afirma ter adquirido a virtude e não a adquiriu, hei de repreendê-lo por estimar menos o que vale mais e mais o que vale menos. É o que hei de fazer a quem eu encontrar, moço ou velho, forasteiro ou cidadão, principalmente aos cidadãos, porque me estais mais próximos no sangue. Tais são as ordens

que o deus me deu, ficai certos. E eu acredito que jamais aconteceu à cidade maior bem que minha obediência ao deus. Outra coisa não faço senão andar por aí persuadindo-vos, moços e velhos, a não cuidar tão aferradamente do corpo e das riquezas, como de melhorar o mais possível a alma [...] (Platão – *Defesa de Sócrates*).

TEXTO 1

PLATÃO – *O Mito da Caverna*

É possível afirmar que todo processo de *"Esclarecimento"*, enquanto manifesto emancipatório da razão, depois de Platão, teve neste filósofo sua nascente originária. O *Mito da caverna*, capítulo VII, do livro *A república*, tornou-se uma referência obrigatória para todo homem que deseja conhecer-se, esclarecer-se e, no limite, emancipar-se. Essa é a tarefa do filósofo: provocar o parto de ideias esclarecedoras. Neste texto, Platão ensina o que é a Filosofia e, ao mesmo tempo, como praticá-la. O homem deve libertar-se das correntes que o mantêm prisioneiro dos preconceitos, da ignorância, das superstições, que compõem o mundo das aparências, governado pela *doxa*, território do senso comum, para elevar-se, através do intelecto, ao mundo das ideias, morada do *Bem, lugar onde a verdade despe-se por inteira*. O caminho é longo e tortuoso, a verdade só se mostra no final, depois de uma difícil tarefa do pensamento, mas, ao final da caminhada, o homem será recompensado com o brilho do sol, conquistando uma vida feliz e virtuosa.

TEXTO 2

TEÓCRITO – *Pensamento*

No século II, de nossa era, o poeta/filósofo grego, Teócrito de Corinto, um dos seguidores do pensamento socrático, cuja existência sequer é confirmada pela historiografia, sendo seus textos considerados como "apócrifos" da filosofia, escreve um dos melhores textos sobre a função e a importância do pensamento, para identificar a verdadeira natureza humana, diferenciando-a da natureza animal. A presença desse texto se justifica pela expectativa de que a sua leitura possa lançar alguma luz sobre as noites tenebrosas dos nossos tempos.

TEXTO 3

Kant – *O que é o Esclarecimento?*

O Iluminismo, século XVIII, também conhecido como *Filosofia das luzes*, ou esclarecimento, apesar de ter seu epicentro na *França*, se espalha pelo mundo, anunciando a chegada de um novo tempo: o tempo da razão. Poder-se-ia identificar esse período como um período de crítica a todos os campos do saber: à filosofia, à ciência, à política, à literatura, à religião... A própria razão submete-se ao tribunal da crítica, julgando-se, buscando tomar posse dos seus limites, das suas possibilidades. "Nossa época é propriamente a época da crítica, à qual tudo tem de submeter-se. A *religião*, por sua santidade, e a *legislação*, por sua majestade, querem comumente esquivar-se a ela. Mas desse modo suscitam justa suspeita contra si e não podem ter pretensões àquele respeito sem disfarce que a razão somente outorgas àquilo que foi capaz de sustentar seu exame livre e público" (Kant – *Crítica da razão pura – Prefácio à primeira edição*). Em 1784, seis anos antes da queda da *Bastilha*, profundamente influenciado pelas ideias do Iluminismo francês, em resposta à pergunta "O que é o Esclarecimento?", Kant escreve o presente texto, no qual indica o processo emancipatório do homem. O texto é um convite para o homem assumir-se, tornando-se o responsável pela construção de uma razão livre e esclarecida, libertando-se de sua alma servil, e conquistando o direito de ser o senhor de si mesmo.

O MITO DA CAVERNA

(Platão, *A república*, Livro VII)

Sócrates – Agora imagina a maneira como segue o estado da nossa natureza relativamente à instrução e à ignorância. Imagina homens numa morada subterrânea, em forma de caverna, com uma entrada aberta à luz; esses homens estão aí desde a infância, de pernas e pescoços acorrentados, de modo que não podem mexer-se nem ver senão o que está diante deles, pois as correntes os impedem de voltar a cabeça; a luz chega-lhes de uma fogueira acesa numa colina que se ergue por detrás deles; entre o fogo e os prisioneiros passa uma estrada ascendente. Imagina que ao longo dessa estrada está construído um pequeno muro, semelhante às divisórias que os apresentadores de títeres armam diante de si e por cima das quais exibem as suas maravilhas.

Glauco – Estou vendo.

Sócrates – Imagina agora, ao longo desse pequeno muro, homens que transportam objetos de toda espécie, que os transpõem: estatuetas de homens e animais, de pedra, madeira e toda espécie de matéria; naturalmente, entre esses transportadores, uns falam e outros seguem em silêncio.

Glauco – Um quadro estranho e estranhos prisioneiros.

Sócrates – Assemelham-se a nós. E, para começar, achas que, numa tal condição, eles tenham alguma vez visto, de si mesmos e de seus companheiros, mais do que as sombras projetadas pelo fogo na parede da caverna que lhes fica defronte?

Glauco – Como, se são obrigados a ficar de cabeça imóvel durante toda a vida?

Sócrates – E com as coisas que desfilam? Não se passa o mesmo?

Glauco – Sem dúvida.

Sócrates – Portanto, se pudessem se comunicar uns com os outros, não achas que tomariam por objetos reais as sombras que veriam?

Glauco – É bem possível.

Sócrates – E se a parede do fundo da prisão provocasse eco sempre que um dos transportadores falasse, não julgariam ouvir a sombra que passasse diante deles?

Glauco – Sim, por Zeus!

Sócrates – Dessa forma, tais homens não atribuirão realidade senão às sombras dos objetos fabricados?

Glauco – Assim terá de ser.

Sócrates – Considera agora o que lhes acontecerá, naturalmente, se forem libertados das suas cadeias e curados da sua ignorância. Que se liberte um desses prisioneiros, que seja ele obrigado a endireitar-se imediatamente, a voltar o pescoço, a caminhar, a erguer os olhos para a luz: ao fazer todos estes movimentos sofrerá, e o deslumbramento impedi-lo-á de distinguir os objetos de que antes via as sombras. Que achas que responderá se alguém lhe vier dizer que não viu até então senão fantasmas, mas que agora, mais perto da realidade e voltado para objetos mais reais, vê com mais justeza? Se, enfim, mostrando-lhe cada uma das coisas que passam, o obrigar, à força de perguntas, a dizer o que é? Não achas que ficará embaraçado e que as sombras que via outrora lhe parecerão mais verdadeiras do que os objetos que lhe mostram agora?

Glauco – Muito mais verdadeiras.

Sócrates – E se o forçarem a fixar a luz, os seus olhos não ficarão magoados? Não desviará ele a vista para voltar às coisas que pode fitar e não acreditará que estas são realmente mais distintas do que as que se lhe mostram?

Glauco – Com toda a certeza.

Sócrates – E se o arrancarem à força da sua caverna, o obrigarem a subir a encosta rude e escarpada e não o largarem antes de o terem arrastado até a luz do Sol, não sofrerá vivamente e não se queixará de tais violências? E, quando tiver chegado à luz, poderá, com os olhos ofuscados pelo seu brilho, distinguir uma só das coisas que ora denominamos verdadeiras?

Glauco – Não o conseguirá, pelo menos de início.

Sócrates – Terá, creio eu, necessidade de se habituar a ver os objetos da região superior. Começará por distinguir mais facilmente as sombras; em seguida, as imagens dos homens e dos outros objetos que se refletem nas águas; por último, os próprios objetos. Depois disso, poderá, enfrentando a claridade dos astros e da Lua, contemplar mais facilmente, durante a noite, os corpos celestes e o próprio céu do que, durante o dia, o Sol e sua luz.

Glauco – Sem dúvida.

Sócrates – Por fim, suponho eu, será o sol, e não as suas imagens refletidas nas águas ou em qualquer outra coisa, mas o próprio Sol, no seu verdadeiro lugar, que poderá ver e contemplar tal qual é.

Glauco – Necessariamente.

Sócrates – Depois disso, poderá concluir, a respeito do Sol, que é ele que faz as estações e os anos, que governa tudo no mundo visível e que, de certa maneira, é a causa de tudo o que ele via com os seus companheiros, na caverna.

Glauco – É evidente que chegará a essa conclusão.

Sócrates – Ora, lembrando-se de sua primeira morada, da sabedoria que aí se professa e daqueles que foram seus companheiros de cativeiro, não achas que se alegrará com a mudança e lamentará os que lá ficaram?

Glauco – Sim, com certeza, Sócrates.

Sócrates – E se então distribuíssem honras e louvores, se tivessem recompensas para aquele que se apercebesse, com o olhar mais vivo, da passagem das sombras, que melhor se recordasse das que costumavam chegar em primeiro ou em último lugar, ou virem juntas, e que por isso era o mais hábil em adivinhar a sua aparição, e que provocasse a inveja daqueles que, entre os prisioneiros, são venerados e poderosos? Ou então, como o herói de Homero, não preferirá mil vezes ser um simples lavrador, e sofrer tudo no mundo, a voltar às antigas ilusões e viver como vivia?

Glauco – Sou de tua opinião. Preferirá sofrer tudo a ter de viver dessa maneira.

Sócrates – Imagina ainda que esse homem volta à caverna e vai sentar-se no seu antigo lugar: Não ficará com os olhos cegos pelas trevas ao se afastar bruscamente da luz do Sol?

Glauco – Por certo que sim.

Sócrates – E se tiver de entrar de novo em competição com os prisioneiros que não se libertaram de suas correntes, para julgar essas sombras, estando ainda sua vista confusa e antes que seus olhos se tenham recomposto, pois habituar-se à escuridão exigirá um tempo bastante longo, não fará que os outros se riam à sua custa e digam que, tendo ido lá acima, voltou com a vista estragada, pelo que não vale a pena tentar subir até lá? E se alguém tentar libertar e conduzir para o alto, esse alguém não o mataria, se pudesse fazê-lo?

Glauco – Sem nenhuma dúvida.

Sócrates – Agora, meu caro Glauco, é preciso aplicar, ponto por ponto, esta imagem ao que dissemos atrás e comparar o mundo que nos cerca com a vida da prisão na caverna, e a luz do fogo que a ilumina com a força do Sol. Quanto à subida à região superior e à contemplação dos seus objetos, se a considerares como a ascensão da alma para a mansão inteligível, não te enganarás quanto à minha ideia, visto que também tu desejas conhecê-la. Só Deus sabe se ela é verdadeira. Quanto a mim, a minha opinião é esta: no mundo inteligível, a ideia do bem é a última a ser apreendida, e com dificuldade, mas não se pode apreendê-la sem concluir que ela é a causa de tudo o que de reto e belo existe em todas as coisas; no mundo visível, ela engendrou a luz; no mundo inteligível, é ela que é soberana e dispensa a verdade e a inteligência; e é preciso vê-la para se comportar com sabedoria na vida particular e na vida pública.

Glauco – Concordo com a tua opinião, até onde posso compreendê-la.

Texto 2

TEÓCRITO E O PENSAMENTO

A ninguém, nem aos deuses nem aos demônios, nem às tiranias da terra nem às tiranias do céu, foi dado o poder de impedir aos homens o exercício daquele que é o primeiro e o maior de seus atributos: — o exercício do pensamento.

Podem amarrar as mãos de um homem, impedindo-lhe o gesto. Podem atar-lhe os pés, impedindo-lhe o andar. Podem vazar-lhe os olhos, impedindo a vista. Podem cortar-lhe a língua, impedindo a fala. O direito de pensar, o poder de pensar, porém, estão acima de todas as violências e de todas as repressões, que nada podem contra seu exercício. Se assim o quiserem os deuses, se assim o quer a própria natureza humana, parece claro que não há abuso mais abominável que o de tentar impor limitações ao pensamento de qualquer pessoa.

Pretender suprimir o pensamento de quem quer que seja é o maior dos crimes. Pois não é apenas um crime contra uma pessoa, mas contra a própria espécie humana, uma vez que é o pensamento o atributo que distingue o ser humano dos demais seres criados sobre a face da terra.

É certo que é um crime que não se consuma, pois fica sempre o terreno da tentativa, como se alguém quisesse violar o inviolável.

O fato, porém, de não se consumar um crime, não quer dizer que não se caracterize o criminoso. Pois, na verdade, só ao se supor capaz de sufocar o pensamento de seu semelhante, o autor dessa suposição cometeu um crime estupendo, contra todos e contra si mesmo, porque se depravou na intenção de roubar o que não pode ser roubado, de matar o que não pode morrer.

Os pérfidos juízes de *Atenas* tiraram a Sócrates o direito de educar os jovens e o direito de viver. Mas foram impotentes para tirar-lhe o direito de pensar, exercido por ele até o último hálito da existência.

O ser humano existe enquanto pensa. Quando deixa de pensar, deixa de existir.

Alguns sofistas andaram ensinando que o homem deixa de pensar quando deixa de existir. Mas o homem não pensa porque existe, mas existe porque pode pensar. No dia em que deixar de pensar, foge-lhe a existência. Pelo menos a existência como ser humano, pois não se pode dizer que um demente tenha uma existência de ser humano.

O homem pode pensar bem ou pensar mal, pensar pouco ou pensar muito. Não há, porém, uma diferença qualitativa, mas há apenas uma diferença quantitativa no exercício do pensamento de cada pessoa. Pois, sendo um atributo essencial do homem, todos exercem com esse atributo uma função qualitativa igual. Assim como o olho do homem é feito para ver todas as coisas, também a mente é feita para pensar todas as coisas, assim também uns pensam menos coisas do que os outros. Mas a qualidade de ver é a mesma em todas as pessoas, embora varie de uma para a outra a quantidade da coisa vista.

Ai dos homens que não usam, em toda a sua plenitude, o direito e o atributo de pensar!

Se um pássaro em pleno voo parasse subitamente de usar suas asas, o poder de voar que lhe foi dado, o atributo do equilibrar-se no ar e viajar as distâncias etéreas, cairia miseravelmente no chão.

Se um homem para de pensar, por preguiça ou por estultícia, todos os desastres lhe podem acontecer. Se seu pensamento não responde ao que vêem seus olhos, pode jogar-se no fogo e na água, e perecer queimado ou afogado.

Na vida na cidade, se um homem neutraliza dentro de si o direito de pensar, a cidade pode ser tomada e dominada pela ferocidade de um tirano, cujo despotismo levará o povo à morte pela fome, pela crueldade ou por outras formas de injustiça e prepotência. E se não o povo todo, pelo menos uma parte do povo, certamente, será arrastada à opressão, à tortura, ao cárcere ou a qualquer outra forma de perdição. Os tiranos não gostam que as pessoas pensem. Fazem um grande esforço para que o pensamento seja deformado, isto é, perca a sua forma original, isto é, a forma que lhe dá cada um, tentando estabelecer uma espécie de fábrica de pensamento pela própria mente, passem a pensar pela mente do despotismo dominador. Isto aconteceu algumas vezes na Grécia. Mas sempre que o povo se dispõe a exercer com todo o vigor o seu direito e o seu atributo de pensar, os tiranos foram destronados, levados ao ostracismo e os despotismos derrubados.

Texto 3

O que é o Esclarecimento?

Esclarecimento é a saída do homem da menoridade pela qual é o próprio culpado. Menoridade é a incapacidade de se servir do próprio entendimento sem direção alheia. Essa menoridade *é por própria culpa* por esta incapacidade, quando sua causa reside na falta, não de entendimento, mas de resolução e coragem em se servir a si mesmo, sem a direção de outra pessoa. *Sapere aude!* Ouse empregar teu próprio entendimento! Eis o lema do Esclarecimento.

Inércia e covardia são as causas de a maioria dos homens, mesmo depois de a natureza há muito tê-los libertado de um controle alheio (*naturaliter maiorennes*), de bom grado continue toda vida na menoridade; e porque seja tão fácil a outros se apresentarem como seus tutores. É tão cômodo ser menor. Se possuísse um livro que faz a vez de meu entendimento; um diretor espiritual, que faça às vezes de minha consciência; um médico, que decida por mim a dieta etc.; assim não preciso dispender nenhum esforço. Não preciso necessariamente pensar, se posso apenas pagar; outros se incumbirão por mim desta aborrecida ocupação. Porque, junto à maioria dos homens (inclusive o belo gênero) considera a passagem à maioridade, já em si difícil e muito perigoso, para isso é que os tutores de bom grado se ocupam de assumir a direção sobre eles.

Depois de terem embrutecidos seus animais doméstico e cuidadosamente impedido que essas dóceis criaturas pudessem dar um único passo fora da carroça, mostram-lhes em seguida o perigo que paira sobre elas, caso procurem andar sozinhas. Ora, este perigo nem é tão grande, pois por meio de algumas quedas finalmente aprenderiam a andar; mas um exemplo assim dá medo e geralmente intimida contra toda nova tentativa.

É, portanto, difícil para cada homem livrar-se da menoridade que nele se tornou quase uma natureza. Até afeiçoou-se a ela e por ora permanece realmente incapaz de se servir de seu próprio entendimento, pois nunca se deixou que tentasse. Preceitos e fórmulas, esses instrumentos mecânicos de um uso, antes, de um mau uso racional de seus dons naturais, são as correntes para uma permanente menoridade. Mesmo quem deles se livrasse, faria apenas um salto inseguro sobre o menor fosso, visto não estar habituado a uma liberdade de movimento. Por isso são poucos os que conseguiram, mediante o exercício individual de seu espírito, desembaraçar-se de sua menoridade e, assim, trilhar um caminho seguro.

Que, porém, um público se esclareça é perfeitamente possível; mais que isso, é quase inevitável, se lhe for dada a liberdade. Pois, mesmo dentre os tutores estabelecidos do vulgo, sempre se encontrarão alguns livre pensadores, os quais, após terem sacudido de si o jugo da menoridade, difundirão arredor de si o espírito de uma avaliação racional do próprio valor e a vocação de cada um de pensar por si próprio. Há, nisto, uma peculiaridade: o público, que antes se encontrava submetido por eles a este jugo, em seguida obriga-os a permanecer sob ele, quando incitado por aqueles dentre seus tutores incapazes de todo Esclarecimento. *Tão prejudicial é cultivar preconceitos, pois terminam voltando-se contra aqueles que foram seus autores,* quer tenham sido eles próprios, quer seus antecessores. Por isso um público pode chegar ao Esclarecimento apenas lentamente. Uma revolução pode, talvez, produzir a queda do despotismo pessoal e da opressão ávida e ambiciosa, mas jamais uma reforma verdadeira do modo de pensar; antes, novos preconceitos servirão, assim como os antigos, como amarras à grande multidão destituída de pensamento.

Para este Esclarecimento, nada é exigido senão liberdade; e, aliás, a mais inofensiva de todas as espécies, a saber, aquela de fazer em todas as circunstâncias uso público da sua razão. Só que ouço clamarem de todos os lados: não raciocinem! O oficial diz: não raciocine, mas exercite! O fiscal diz: não raciocine, mas pague! O sacerdote: não raciocine, mas creia! (Somente um único senhor no mundo diz: raciocine tanto quanto quiser, e sobre o que quiser; mas obedeça!)

Por toda parte, o que se vê é limitação da liberdade. Porém, qual limitação à liberdade é contrária ao Esclarecimento? Qual não o é, sendo-lhe, antes, favorável? – Respondo: o uso público de sua razão deve sempre ser livre, e ele apenas pode difundir o Esclarecimento entre os homens; o uso privado da mesma pode, contudo, ser estreitamente limitado, todavia, sem por isso prejudicar sensivelmente o progresso do Esclarecimento. Compreendo, porém, sob o uso público de sua própria razão aquele que alguém faz dela como instruído diante do inteiro público do mundo letrado. Denomino uso privado que alguém pode fazer de sua razão em de seu determinado posto ou encargo público confiado. Ora, em alguns ofícios, que concernem ao interesse da coisa pública, um determinado mecanismo faz-se necessário, através do qual alguns membros da república precisam comportar-se de modo puramente passivo, para que, através de uma unanimidade artificial, sejam orientados pelo governo a fins públicos, ou ao menos para impedirem a destruição destes fins. Aqui, evidentemente, não é permitido raciocinar; antes, deve-se obedecer. Porém, tão logo esta parte da máquina se considera como membro de uma inteira república, sim, até mesmo da sociedade civil universal, portanto, na qualidade de alguém instruído, que se dirige por meio de escritos a um público em sentido próprio, pode naturalmente raciocinar, sem que, por isso, prejudique os ofícios a que em parte está ligado como membro passivo.

Dessa forma, seria muito prejudicial, se um oficial, que recebesse alguma ordem de seus superiores, quisesse abertamente raciocinar em serviço sobre a conformidade ou o benefício desse comando; ele deve obedecer. Mas não se pode recusar-lhe devidamente que faça observações sobre os erros no serviço militar e as exponha à apreciação de seu público. O cidadão não pode recusar-se a arcar com os impostos cobrados; uma censura impertinente de tais taxas, na ocasião em que deve pagá-las, pode até mesmo ser punida como um escândalo (que poderia ocasionar insubordinações generalizadas). Apesar disso, o mesmo indivíduo não age contra o dever de um cidadão, quando, na condição de instruído, exprime publicamente seus pensamentos contra a impropriedade ou mesmo injustiça de tais imposições.

Do mesmo modo, um sacerdote está obrigado a professar seu sermão para seus pupilos ou para a congregação conforme o credo da igreja a que serve, pois foi sob essa condição que aí foi admitido. Entretanto, na condição de instruído, possui completa liberdade, antes possui a missão de compartilhar com o público todos os seus pensamentos cuidadosamente refletidos e bem intencionados sobre as imperfeições neste credo e as propostas voltadas para uma melhor orientação da religião e da Igreja. Nisto não há nada que pudesse ser reprovado a sua consciência. Pois o que ele ensina por conta de sua função enquanto dignitário da Igreja, isso ele expõe como algo em vista do que não possui livre poder para ensinar conforme bem entender, mas tem de fazê-lo segundo a instrução e em nome de outro. Dirá: nossa igreja ensina isto e aquilo, e eis os argumentos de que se serve. Em seguida, junto a sua congregação, irá extrair todos os benefícios práticos de preceitos que ele mesmo não subscreveria com inteira convicção; Esses preceitos, porém, que pode empenhar-se em expor, pois não é inteiramente impossível haver alguma verdade envolta neles – desde que, porém, não se depare com nada que colida com sua religião interior. Pois, caso concluísse estar diante de uma contradição deste tipo, não poderia exercer com boa consciência sua função; deveria renunciá-la. Logo, o uso que um ministro encarregado do ensino faz de sua razão junto a sua congregação é tão-somente um uso privado: porque, por maior que possa ser, esta é apenas uma reunião doméstica, em relação à qual ele, enquanto sacerdote, não é livre, nem pode sê-lo, pois se encarrega de uma tarefa alheia. Em contrapartida, enquanto homem instruído que fala por meio de escritos para o público propriamente dito, isto é, o mundo, o eclesiástico usufrui no uso público de sua razão de uma liberdade ilimitada de servir-se de sua própria razão e em seu próprio nome. Pois que os tutores do povo (em coisas espirituais) devam ser eles mesmos também menores é um absurdo, que favorece a perpetuação dos absurdos.

Todavia, não deveria ser justificado a uma sociedade de eclesiásticos, algo como um sínodo, ou uma alta "classe" (como se intitula entre os holandeses), obrigar-se uns aos outros quanto a um credo, de modo a conduzir e perpetuar uma tutoria superior sobre cada um de seus membros e, mediante isso, sobre o povo? Afirmo que isso seja inteiramente impossível. Tal contrato, que seria concluído para afastar definitivamente da humanidade todo novo Esclarecimento, é absolutamente nulo e sem validade. Ainda que fosse homologado pelo poder supremo, pelos parlamentos e pelos mais solenes tratados de paz seria inválido. Uma época não pode conspirar para impor a época seguinte uma situação que torne impossível expandir seus conhecimentos (principalmente conhecimentos tão caros a si), purificar-se de os erros e, de modo geral, avançar no Esclarecimento. Isso seria um crime contra a natureza humana, cuja determinação originária reside exatamente neste avanço. Portanto, os descendentes estão completamente justificados a rejeitar aquelas resoluções como absurdas e injuriosas. A medida de tudo o que pode ser decidido como lei para um povo requer a pergunta: pode um povo impor-se tal lei?

Sim, isso seria possível por um período determinado e breve, na expectativa de uma lei melhor, a fim de introduzir uma certa ordem; período em que se deixaria livre cada cidadão, especialmente o sacerdote, na qualidade de homem instruído, para fazer publicamente, isto é, através de escritos, suas considerações sobre as imperfeições da instituição vigente. Entretanto, a ordem estabelecida permaneceria em curso até que a compreensão da natureza dessas questões tivesse se estendido e se consolidado publicamente, a ponto de unificar suas vozes (ainda que não todas) para levar ao trono uma proposta em defesa das congregações que, a partir de um exame aprofundado, concordassem acerca de uma reorientação religiosa, sem, todavia, opor àquelas que se contentassem com o estado prévio das coisas. Porém, é absolutamente ilícito pactuar uma constituição religiosa permanente, que se pretendesse publicamente inquestionável por todos, mesmo durante o curso da vida de um homem. Desse modo, se aniquilaria uma época na marcha da humanidade rumo ao melhor e torná-la estéril, prejudicando sua posteridade.

Na verdade, quanto à sua pessoa um homem pode – mesmo assim, somente por algum tempo – adiar o Esclarecimento quanto ao saber incumbido; mas renunciá-lo, quer quanto à sua pessoa, quer ainda mais quanto à posteridade, implica lesar os veneráveis direitos da humanidade e pô-los abaixo.

Mas o que nem um povo pode decidir sobre si mesmo, menos ainda sobre o povo um monarca pode decidir; pois sua autoridade legislativa consiste exatamente no fato de que ele unifica sua vontade com a inteira vontade do povo. Caso se satisfaça em garantir que qualquer melhoria, presumida ou verdadeira, concorde com a ordem pública, quanto o resto, pode deixar seus súditos fazerem o necessário para a salvação de suas almas. Sua incumbência não é esta, mas sim evitar que os súditos, pela violência, impeçam uns aos outros de trabalhar por sua determinação e promoção segundo todas as suas capacidades. É igualmente prejudicial o envolvimento de sua majestade nisto, quando submete à vigilância de seu governo os escritos por meio dos quais seus súditos procuram purificar suas ideias, quer o faça a partir de sua própria compreensão superior – no que se expõe à objeção: *Caesar non est supra grammaticos* – quer, e em maior grau, quando rebaixa seu poder supremo, a ponto de sustentar em seu Estado o despotismo espiritual de alguns tiranos sobre o resto de seus súditos.

Se for perguntado: vivemos em uma época esclarecida? A resposta será: não, mas em uma época de Esclarecimento. No atual estado de coisas, falta ainda muito para que os homens, tomados em seu conjunto, estejam em condições, ou possam ter condições, de servir-se de seu próprio entendimento sem a direção alheia de modo seguro e desejável em matéria de religião. Todavia, temos sinais claros que é o momento para eles poderem trabalhar livremente o campo e diminuírem gradativamente os obstáculos do Esclarecimento geral ou da saída da menoridade da qual eles próprios são culpados. Desse ponto de vista, esta época é a época do Esclarecimento, ou o século de Frederico.

Um príncipe — que se desconsidera indigno de afirmar possuir o dever prescrever aos homens nada em matéria de religião, mas de deixá-los em total liberdade, que, assim, recusa lhe associarem o soberbo termo "tolerância", é ele próprio esclarecido. Desse modo, merece ser louvado pelo mundo e pela posteridade em reconhecimento, como quem primeiro libertou o ser humano da menoridade – ao menos por parte do governo – e fez cada um livre para servir-se de sua própria razão em tudo o que concerne à consciência. Sob tal príncipe podem veneráveis eclesiásticos, como funcionários instruídos e sem prejuízo de seus deveres funcionais. submeterem livre e publicamente à prova seus julgamentos e reflexões em tópicos distantes do credo estabelecido. Isso vale com mais forte razão para quem não estiver limitado por um dever funcional. Este espírito de liberdade expande-se mesmo ao exterior, onde se tem de enfrentar obstáculos externos de um Estado que não se compreende. Pois a esse último há um exemplo de que, em regime de liberdade, não há o mínimo a temer quanto à paz pública e a unidade da república. Gradativamente, os homens se desvencilham de sua brutalidade; basta parar o ardil de mantê-los intencionalmente nela.

Tratei do principal ponto do Esclarecimento, isto é, da saída dos homens da menoridade da qual são os próprios culpados, principalmente em matéria de religião; pois no que concerne às artes e ciências nossos senhores não possuem interesse de exercer a tutela sobre seus súditos.

Ademais, aquela menoridade é a mais prejudicial dentre todas, como também a mais desonrosa. Mas o modo de pensar de um chefe de Estado, que favorece o Esclarecimento em matéria religiosa vai além e percebe que, mesmo em relação a sua legislação, não há perigo em admitir que seus súditos façam uso público de sua própria razão e que apresentem ao mundo seus pensamentos sobre como tornar melhor sua redação, mesmo se isso for acompanhado de uma crítica franca da legislação estabelecida; temos disso um exemplo ilustre, que faz com que nenhum monarca preceda aquele que reverenciamos.

Entretanto, somente aquele que autoesclarecido não teme as sombras, mas possui à disposição um numeroso e bem disciplinado exército para assegurar a ordem pública, pode dizer o que um estado não monárquico não pode se permitir: raciocine quanto quiser e sobre o que quiser; apenas obedeça!

Aqui as coisas humanas demonstram um estranho e inesperado curso. Do mesmo modo, quando consideramos esse curso em larga escala, quase tudo nele é paradoxal. Um grau maior de liberdade civil parece vantajoso à liberdade de espírito do povo, pondo, entretanto, barreiras intransponíveis. De outro lado, um grau menor dessa liberdade proporciona o espaço para o povo expandir conforme suas capacidades. Portanto, se a natureza desenvolveu sob este duro invólucro a semente de que cuida tão delicadamente, isto é, o pendor e a vocação ao pensamento livre, este gradativamente reincide sobre o modo de sentir do povo (o que pouco a pouco torna este mais apto a agir livremente) e finalmente inclusive sobre os princípios do governo, o qual considere propício a si mesmo tratar o homem, que é mais que uma máquina, conforme sua dignidade.

Immanuel Kant
Königsberg, Prússia
30 de setembro de 1784